LA SINGULARIDAD TECNOLÓGICA

¿ESTAMOS PREPARADOS PARA UNA INTELIGÉNCIA ARTIFICIAL SUPERIOR?

DAVID SANDUA

La singularidad tecnológica.
© David Sandua 2024. Todos los derechos reservados.
Edición electrónica y de bolsillo.

*"La inteligencia artificial es la nueva electricidad.
Transformará todas las industrias, pero debemos gestionar sus riesgos".*

Andrew Ng - Investigador de IA y cofundador de Google Brain

ÍNDICE

I. INTRODUCCIÓN **10**
  Definición de Singularidad Tecnológica 11
  Breve historia del desarrollo de la IA 13
  Enunciado de la tesis 14

II. ESTADO ACTUAL DE LA IA **16**
  Tipos de sistemas de IA 17
  Aplicaciones de la IA en diversos campos 18
  Consideraciones éticas en el desarrollo de la IA 19

III. VENTAJAS DE UNA IA SUPERIOR **21**
  Mayor eficacia y productividad 22
  Potencial para resolver problemas complejos 24
  Avances en sanidad y ciencia 25

IV. RETOS DE UNA IA SUPERIOR **27**
  Desplazamiento de puestos de trabajo e implicaciones económicas 28
  Dilemas éticos en la toma de decisiones con IA 30
  Riesgos para la seguridad y posible uso indebido de la tecnología de IA 31

V. INTERACCIÓN PERSONA-IA **33**
  Importancia de la colaboración entre humanos e IA 34
  Mejorar la experiencia del usuario mediante la IA 35
  Impacto psicológico de la integración de la IA en la vida cotidiana 37

VI. MARCO REGULADOR DE LA IA **39**
  Normativa y políticas actuales en materia de IA 40
  Necesidad de cooperación internacional en la gobernanza de la IA 42
  Equilibrar la innovación con el desarrollo ético de la IA 43

VII. PREDICCIONES SOBRE LA SINGULARIDAD TECNOLÓGICA **46**
  Principales defensores de la teoría de la singularidad tecnológica 47
  Diferentes escenarios en los que la IA supera a la inteligencia humana 49
  Implicaciones de alcanzar la singularidad tecnológica 50

VIII. PREPARACIÓN DE LA SOCIEDAD PARA LA IA SUPERIOR **52**
  Educación y formación para la era de la IA 53
  Aceptación social de las tecnologías de IA 55
  Abordar los sesgos y la diversidad en los sistemas de IA 56

IX. PERSPECTIVAS FUTURAS DEL DESARROLLO DE LA IA **58**
  Posibles avances en la investigación de la IA 59
  Integración de la IA con otras tecnologías emergentes 60
  Impacto a largo plazo de la IA en la sociedad y la humanidad 62

X. CONSIDERACIONES ÉTICAS EN EL DESARROLLO DE LA IA **64**
  Sesgo e imparcialidad en los algoritmos de IA 65
  Cuestiones de privacidad en la recogida de datos de IA 66
  Transparencia y responsabilidad en la toma de decisiones sobre IA 68

XI. GOBERNANZA Y REGULACIÓN DE LA IA **70**
  Normas internacionales para el desarrollo de la IA 71
  Marcos jurídicos para la responsabilidad y la rendición de cuentas en materia de IA 72
  Mecanismos de supervisión del despliegue de la IA 74

XII. IA EN INDUSTRIAS CREATIVAS 76
ARTE Y MÚSICA GENERADOS POR IA 77
IMPACTO DE LA IA EN LA CREACIÓN DE CONTENIDOS 78
CUESTIONES DE DERECHOS DE AUTOR Y PROPIEDAD INTELECTUAL EN LAS OBRAS GENERADAS POR IA 80

XIII. IA EN SOSTENIBILIDAD MEDIOAMBIENTAL 82
APLICACIONES DE LA IA EN LA INVESTIGACIÓN SOBRE EL CAMBIO CLIMÁTICO 83
SOLUCIONES DE IA PARA LA GESTIÓN SOSTENIBLE DE LOS RECURSOS 84
CONSIDERACIONES ÉTICAS EN EL USO DE LA IA PARA LA CONSERVACIÓN DEL MEDIO AMBIENTE 86

XIV. IA EN GOBERNANZA Y POLÍTICAS PÚBLICAS 88
LA IA EN LOS PROCESOS DE TOMA DE DECISIONES 89
IMPLICACIONES ÉTICAS DE LA IA EN LA ADMINISTRACIÓN PÚBLICA 90
PARTICIPACIÓN CIUDADANA Y TRANSPARENCIA EN LA GOBERNANZA IMPULSADA POR LA IA 92

XV. IA Y DERECHOS HUMANOS 94
LA IA EN LA VIGILANCIA Y EL DERECHO A LA INTIMIDAD 95
PREJUICIOS Y DISCRIMINACIÓN EN LOS SISTEMAS DE IA 97
GARANTIZAR QUE LA IA RESPETA LOS DERECHOS HUMANOS FUNDAMENTALES 98

XVI. IA Y LA SEGURIDAD MUNDIAL 100
IA EN APLICACIONES MILITARES Y DE DEFENSA 101
LOS RETOS DE LA CIBERSEGURIDAD EN LA ERA DE LA IA 102
COOPERACIÓN INTERNACIONAL EN LA REGULACIÓN DE LAS ARMAS DE IA 104

XVII. IA E INTELIGENCIA EMOCIONAL 106
DESARROLLO DE IA EMOCIONALMENTE INTELIGENTE 107
APLICACIONES DE LA IA EN EL APOYO A LA SALUD MENTAL 108
CONSIDERACIONES ÉTICAS SOBRE EL PAPEL DE LA IA EN EL BIENESTAR EMOCIONAL 110

XVIII. IA Y URBANISMO 112
INICIATIVAS DE CIUDADES INTELIGENTES IMPULSADAS POR LA IA 113
LA IA EN LA GESTIÓN DEL TRANSPORTE Y LAS INFRAESTRUCTURAS 114
CONSIDERACIONES ÉTICAS EN EL DESARROLLO URBANO IMPULSADO POR LA IA 116

XIX. IA Y EL FUTURO DEL TRABAJO 118
RECUALIFICACIÓN Y MEJORA DE LAS CUALIFICACIONES PARA UNA ECONOMÍA IMPULSADA POR LA IA 119
COLABORACIÓN ENTRE HUMANOS E IA EN EL LUGAR DE TRABAJO 120
IMPLICACIONES SOCIOECONÓMICAS DE LA IA EN EL EMPLEO Y LA DISTRIBUCIÓN DE LA RENTA 122

XX. IA Y LA TOMA DE DECISIONES ÉTICAS 124
RAZONAMIENTO MORAL EN LOS SISTEMAS DE IA 125
MARCOS ÉTICOS PARA LA PROGRAMACIÓN DE IA 127
RESPONSABILIDAD Y TRANSPARENCIA EN LA TOMA DE DECISIONES SOBRE IA 128

XXI. IA EN LA EDUCACIÓN Y EL APRENDIZAJE 130
APRENDIZAJE PERSONALIZADO MEDIANTE IA 131
TUTORES Y ASISTENTES EDUCATIVOS DE IA 132
ABORDAR LA EQUIDAD Y EL ACCESO EN LA EDUCACIÓN MEJORADA POR LA IA 134

XXII. IA EN AGRICULTURA Y SEGURIDAD ALIMENTARIA 136
AGRICULTURA DE PRECISIÓN CON TECNOLOGÍAS DE IA 137
APLICACIONES DE LA IA EN LA GESTIÓN DE LA CADENA ALIMENTARIA 138
PRÁCTICAS AGRÍCOLAS SOSTENIBLES MEDIANTE LA OPTIMIZACIÓN DE LA IA 140

XXIII. IA EN LOS SISTEMAS JURÍDICOS 142
LA IA EN LA INVESTIGACIÓN JURÍDICA Y EL ANÁLISIS DE CASOS 143
REVISIÓN Y REDACCIÓN AUTOMATIZADA DE CONTRATOS 144
CONSIDERACIONES ÉTICAS EN LA TOMA DE DECISIONES JURÍDICAS ASISTIDA POR IA 146

XXIV. IA EN EL DEPORTE Y ANÁLISIS DEL RENDIMIENTO	148
La IA en el entrenamiento deportivo y la optimización del rendimiento	149
Análisis de datos y modelos predictivos en el deporte	151
Implicaciones éticas de la IA en la competición deportiva	152
XXV. IA EN LA RESPUESTA Y GESTIÓN DE CATÁSTROFES	**154**
IA para sistemas de alerta rápida y predicción de catástrofes	155
Coordinación de la respuesta de emergencia con la IA	156
Consideraciones éticas en el despliegue de la IA durante las crisis	158
XXVI. IA EN RETAIL Y EXPERIENCIA DEL CLIENTE	**160**
Experiencias de compra personalizadas con IA	161
Gestión de inventarios y optimización de la cadena de suministro basadas en IA	163
Preocupación por la privacidad y seguridad de los datos en el comercio minorista impulsado por la IA	164
XXVII. IA EN EL TRANSPORTE Y LOS VEHÍCULOS AUTÓNOMOS	**166**
La IA en la gestión del tráfico y la optimización de rutas	167
Desarrollo de vehículos autónomos con tecnología de IA	169
Desafíos legales y éticos en los sistemas de transporte impulsados por IA	170
XXVIII. IA EN LA EXPLORACIÓN ESPACIAL	**172**
Aplicaciones de la IA en la planificación y ejecución de misiones espaciales	173
Robótica e IA en la exploración extraterrestre	174
Consideraciones éticas sobre el uso de la IA en la exploración espacial	175
XXIX. IA EN FILANTROPÍA E IMPACTO SOCIAL	**178**
IA para iniciativas de bien social y ayuda humanitaria	179
Toma de decisiones basada en datos en los esfuerzos filantrópicos	181
Garantizar la equidad y la inclusión en los proyectos de impacto social impulsados por la IA	182
XXX. IA EN ENTRETENIMIENTO Y MEDIOS DE COMUNICACIÓN	**184**
La creación de contenidos impulsada por la IA en la industria del entretenimiento	185
Recomendaciones personalizadas y selección de contenidos mediante algoritmos de IA	186
Consideraciones éticas en los contenidos mediáticos generados por IA	188
XXXI. IA EN LOS SERVICIOS FINANCIEROS	**190**
Aplicaciones de la IA en la detección del fraude y la gestión del riesgo	191
Negociación algorítmica y análisis predictivo en finanzas	193
Retos normativos y transparencia en las decisiones financieras basadas en la IA	194
XXXII. IA EN LA AYUDA HUMANITARIA Y LA RESPUESTA A LAS CRISIS	**197**
IA para la coordinación de la ayuda en caso de catástrofe y la asignación de recursos	198
Análisis predictivo para sistemas de alerta temprana en crisis humanitarias	200
Consideraciones éticas en el uso de la IA para los esfuerzos humanitarios	201
XXXIII. CONCLUSIÓN	**203**
BIBLIOGRAFÍA	**205**

I. INTRODUCCIÓN

La Inteligencia Artificial (IA) ha progresado mucho en los últimos años, con avances en el aprendizaje automático y las redes neuronales profundas que han superado los límites de lo que la tecnología puede lograr. Estos avances han dado lugar a debates sobre la idea de la singularidad tecnológica, un acontecimiento hipotético en el que la IA supera a la inteligencia humana, lo que podría provocar profundos cambios sociales. A medida que nos acercamos a este posible punto de inflexión, es crucial considerar las implicaciones de la IA superior. Desde revolucionar sectores como la sanidad y la automoción hasta suscitar preocupación por el desplazamiento de puestos de trabajo y los dilemas éticos, el impacto de la tecnología de IA avanzada es de gran alcance y complejidad. El poder transformador de la IA ya es evidente en varios sectores, con aplicaciones que van desde los vehículos autónomos a los diagnósticos médicos. Aunque estas innovaciones ofrecen enormes ventajas, como una mayor eficacia y precisión, también plantean importantes cuestiones sobre la privacidad, la seguridad y el acceso equitativo a la tecnología. A medida que los sistemas de IA se hacen más sofisticados y autónomos, la necesidad de directrices éticas y marcos reguladores se hace cada vez más urgente. Para navegar por este panorama en rápida evolución, es esencial que los responsables políticos, los líderes de la industria y los investigadores colaboren en la configuración de un futuro que equilibre la innovación con la responsabilidad social. A medida que la sociedad se enfrenta a las implicaciones de la IA superior, cada vez se es más consciente de la necesidad de estrategias integrales para prepararse para este cambio tecnológico. Esto incluye reevaluar la educación y los programas de formación de la mano de obra para dotar a las personas de las habilidades necesarias para prosperar en un mundo digital cada vez más moldeado por la IA. Abordar las posibles repercusiones económicas de la automatización y el desplazamiento de puestos de trabajo requiere medidas proactivas que garanticen una transición fluida. Fomentando el diálogo y la planificación proactiva, podemos anticiparnos mejor a los retos y oportunidades que conlleva el avance de las capacidades de la IA, lo que, en última instancia, nos capacitará para dar forma a un futuro que beneficie a todos los miembros de la sociedad.

Definición de Singularidad Tecnológica

Continuando con la exploración de la singularidad tecnológica, es crucial comprender los conceptos implicaciones para la sociedad. A medida que la IA sigue avanzando a un ritmo exponencial, crece la preocupación por las posibles consecuencias de alcanzar un punto en el que la IA supere a la inteligencia humana. Esto podría provocar un cambio fundamental en nuestra forma de vivir y trabajar, que afectaría a todo, desde los mercados de trabajo hasta la dinámica geopolítica. La perspectiva de que las máquinas tomen decisiones que van más allá de la comprensión humana plantea dilemas éticos y desafía la esencia misma de lo que significa ser humano. A medida que nos acercamos a la singularidad, se hace imperativo que evaluemos críticamente nuestros valores y prioridades como sociedad para asegurarnos de que estamos preparados para los cambios que se avecinan. La definición de singularidad tecnológica también engloba la idea de un acontecimiento transformador que podría remodelar el curso de la historia humana. Implica un momento en el que la IA se autoperfeccione, dando lugar a una explosión de inteligencia que podría alterar radicalmente el tejido de la sociedad. Este potencial de cambio rápido e impredecible plantea riesgos significativos, así como oportunidades. El crecimiento exponencial de las capacidades de la IA podría revolucionar campos como la sanidad, el transporte y la comunicación, ofreciendo inmensos beneficios a la humanidad. También plantea preocupaciones sobre la concentración de poder en manos de los sistemas de IA y el potencial de consecuencias imprevistas. Equilibrar la promesa del progreso tecnológico con la necesidad de una innovación responsable es un reto crítico que debe abordarse a medida que nos acercamos a la singularidad. El concepto de singularidad tecnológica subraya la necesidad de adoptar medidas proactivas para garantizar que el desarrollo de la IA esté en consonancia con los valores y aspiraciones humanos. A medida que nos adentramos en un territorio inexplorado en el que las máquinas pueden superar las capacidades cognitivas humanas, los marcos éticos y normativos que rigen la IA cobran cada vez más importancia. Establecer directrices para el desarrollo y despliegue responsables de los sistemas de IA es esencial para mitigar los riesgos y maximizar los beneficios de la tecnología avanzada. Fomentando una cultura de colaboración entre humanos y máquinas, podemos aprovechar todo el potencial de la IA y, al mismo tiempo, protegernos de los posibles escollos. Mediante una planificación meditada y la acción colectiva podremos navegar por las complejidades de la singularidad y allanar el camino hacia un futuro en el que los humanos y la IA puedan coexistir armoniosamente.

Breve historia del desarrollo de la IA

El desarrollo de la IA se remonta a mediados del siglo XX, con la aparición de las primeras redes neuronales y los primeros programas informáticos diseñados para realizar tareas complejas. Uno de los hitos clave en la historia de la IA fue la creación de la Conferencia de Dartmouth en 1956, donde se acuñó el término IA y los investigadores expusieron una visión para crear máquinas que pudieran pensar y aprender como los humanos. A lo largo de las décadas siguientes, la IA experimentó periodos de rápido avance y estancamiento, influidos por factores como la financiación, la potencia informática y los cambios en el enfoque de la investigación. En los años 90, los algoritmos de aprendizaje automático ganaron protagonismo, allanando el camino a sistemas de IA más sofisticados capaces de reconocer patrones y tomar decisiones basadas en datos. A medida que aumentaban las capacidades informáticas y los datos se hacían más abundantes, la investigación en IA experimentó un resurgimiento a principios del siglo XXI. Los avances en el aprendizaje profundo, un subconjunto del aprendizaje automático centrado en las redes neuronales con múltiples capas, revolucionaron el campo al permitir a los ordenadores procesar grandes cantidades de datos y extraer ideas significativas. Esto condujo al desarrollo de aplicaciones de IA que van desde el reconocimiento de imágenes y del habla hasta los vehículos autónomos y los sistemas de diagnóstico médico. La integración de la IA en diversas industrias ha remodelado las operaciones empresariales y las experiencias de los consumidores, demostrando el potencial de estas tecnologías para impulsar la innovación y la eficiencia a escala. De cara al futuro, la trayectoria del desarrollo de la IA está preparada para continuar su tendencia ascendente, con inversiones que afluyen a laboratorios de investigación y empresas de todo el mundo. A medida que los sistemas de IA se vuelven más sofisticados y autónomos, las cuestiones éticas, la responsabilidad y las posibles consecuencias imprevistas pasan a primer plano. Es crucial que los responsables políticos, los líderes de la industria y el público participen en conversaciones sobre el despliegue responsable de la IA, garantizando que se maximizan los beneficios de estas tecnologías al tiempo que se salvaguardan de los riesgos potenciales. Mientras nos encontramos en la cúspide de una nueva era de innovación impulsada por la IA, es esencial abordar estos avances con cautela y atención para dirigirnos hacia un futuro en el que la IA trabaje en armonía con la sociedad humana.

Enunciado de la tesis

Al considerar las implicaciones de la singularidad tecnológica, no se puede pasar por alto la importancia del enunciado de la tesis que guía el análisis de este complejo concepto. El enunciado de la tesis sirve de base sobre la que se construye todo el argumento, proporcionando una articulación clara y concisa del punto principal o la afirmación central que se hace. En el caso de la singularidad tecnológica, el enunciado de la tesis puede afirmar que los avances en IA se acercan rápidamente a un punto en el que las máquinas superarán a la inteligencia humana, lo que provocará profundas transformaciones sociales. Este enunciado no sólo marca la dirección de la discusión, sino que también ayuda a establecer el alcance y el enfoque del ensayo, garantizando que todos los puntos posteriores estén alineados con el argumento general. El enunciado de la tesis desempeña un papel crucial en la configuración de la estructura del ensayo, ayudando a organizar el contenido de forma lógica y coherente. Al articular claramente el argumento principal o la perspectiva que se defiende, el enunciado de la tesis proporciona una hoja de ruta al lector, indicándole qué puede esperar en cuanto al análisis y las pruebas que se presentarán. Esta función estructuradora es especialmente importante en temas complejos como la singularidad tecnológica, en los que deben sintetizarse e integrarse multitud de ideas y perspectivas para formar un argumento cohesivo y persuasivo. Sin un enunciado de tesis sólido que guíe el camino, el ensayo corre el riesgo de perder el enfoque y la coherencia, lo que en última instancia socava la eficacia del análisis. El enunciado de la tesis sirve de eje en la exploración de la singularidad tecnológica, ofreciendo un resumen conciso y perspicaz del argumento central que se avanza. Al articular claramente el punto o argumento principal del ensayo, el enunciado de la tesis proporciona un marco para el análisis, guiando la discusión y garantizando una progresión lógica y coherente de las ideas. De este modo, el enunciado de la tesis no sólo facilita una comprensión más profunda del tema, sino que también aumenta la capacidad de persuasión y el impacto general del ensayo. Por ello, construir un enunciado de tesis sólido y bien elaborado es esencial para abordar cuestiones complejas como la singularidad tecnológica, permitiendo un examen más centrado y sistemático de los retos y oportunidades que presenta la inteligencia artificial avanzada.

II. ESTADO ACTUAL DE LA IA

En el estado actual de la IA, los investigadores y desarrolladores están superando los límites con avances en algoritmos de aprendizaje automático y redes neuronales profundas. Estos avances están revolucionando varias industrias, lo que conduce a una mayor eficiencia, precisión y automatización. La IA se está utilizando en la sanidad con fines de diagnóstico, permitiendo planes de tratamiento más precisos y oportunos. Del mismo modo, en la industria del automóvil, la tecnología de conducción autónoma está redefiniendo las normas de transporte y seguridad. Estas aplicaciones demuestran el potencial de la IA para potenciar las capacidades humanas y mejorar la calidad de vida. El estado actual de la IA plantea importantes cuestiones sobre las consideraciones éticas y normativas que rodean su desarrollo y despliegue. A medida que los sistemas de IA se vuelven más sofisticados y autónomos, la preocupación por la parcialidad, la privacidad y la responsabilidad ha pasado a primer plano. Es esencial establecer directrices y marcos que garanticen que las tecnologías de IA se desarrollan y utilizan de forma responsable y transparente. Al abordar estos retos éticos, la sociedad puede aprovechar todo el potencial de la IA y, al mismo tiempo, mitigar los riesgos potenciales y las consecuencias no deseadas. De cara al futuro, la sociedad debe evaluar si está preparada para adoptar tecnologías de IA superiores y sus implicaciones. Esto incluye evaluar el impacto de la automatización en la mano de obra y la economía, así como la necesidad de programas de educación y formación para dotar a las personas de las habilidades necesarias para navegar por un panorama tecnológico que cambia rápidamente. A medida que avanzamos hacia la singularidad tecnológica, es vital fomentar una relación de colaboración entre los seres humanos y la IA, haciendo hincapié en la importancia de la toma de decisiones éticas y la innovación responsable. Preparándonos para los retos y oportunidades que presenta la IA superior, podemos garantizar un futuro más sostenible e inclusivo para todos.

Tipos de sistemas de IA

Más allá de los sistemas de aprendizaje automático y las redes neuronales profundas, otro tipo de sistema de IA que merece la pena explorar son los sistemas expertos. Los sistemas expertos están diseñados para imitar los procesos de toma de decisiones de un experto humano en un dominio específico. Estos sistemas pueden almacenar grandes cantidades de conocimientos y utilizar mecanismos de razonamiento para proporcionar ideas o hacer recomendaciones. Aprovechando los sistemas expertos, las industrias pueden beneficiarse de una toma de decisiones coherente y fiable, sobre todo en campos complejos o especializados como la medicina o las finanzas. A diferencia de los sistemas expertos, los sistemas de IA de lógica difusa funcionan según el principio del razonamiento aproximado, en lugar de la lógica binaria estricta. Estos sistemas son expertos en el manejo de incertidumbres e información imprecisa, lo que los hace valiosos en situaciones en las que no es posible tomar decisiones claras. Los sistemas de IA de lógica difusa se han aplicado en diversas áreas, como los sistemas de control de electrodomésticos y vehículos, optimizando el rendimiento basándose en variables de entrada que no siempre son blancas o negras. Computación evolutiva Los sistemas de IA se inspiran en la evolución biológica para resolver problemas complejos mediante procesos iterativos de mejora y selección. Estos sistemas utilizan algoritmos como los algoritmos genéticos y la programación genética para generar soluciones basadas en los principios de mutación, evaluación de la aptitud y supervivencia del más apto. Los sistemas de IA de computación evolutiva se han mostrado prometedores en la optimización de procesos, el diseño de productos e incluso la creación de nuevos algoritmos, ofreciendo un enfoque único para la resolución de problemas que imita la selección natural y la evolución.

Aplicaciones de la IA en diversos campos

En el campo de la sanidad, la IA está revolucionando el diagnóstico y la medicina personalizada. Se están utilizando algoritmos de aprendizaje automático para analizar imágenes médicas, detectar patrones y predecir enfermedades con gran precisión. Esto ha dado lugar a diagnósticos más rápidos y precisos, con mejores resultados para los pacientes. Las plataformas impulsadas por la IA están permitiendo a los médicos adaptar los planes de tratamiento en función de la composición genética individual, optimizando la eficacia de las intervenciones. La integración de la IA en la asistencia sanitaria tiene el potencial de reducir significativamente los costes sanitarios, mejorar la atención al paciente e incluso salvar vidas. Otro ámbito en el que la IA está teniendo un impacto significativo es la industria del automóvil. Los vehículos autónomos, impulsados por tecnologías de IA como la visión por ordenador y el procesamiento del lenguaje natural, están a punto de revolucionar el transporte. Estos coches autónomos pueden navegar por el tráfico, anticiparse a las condiciones de la carretera y tomar decisiones en fracciones de segundo que den prioridad a la seguridad. Al reducir el error humano, los vehículos impulsados por IA tienen el potencial de reducir los accidentes, aumentar la eficiencia y disminuir los costes del transporte. A medida que la industria del automóvil siga invirtiendo en investigación y desarrollo de IA, podemos esperar una rápida transformación de nuestra forma de desplazarnos y viajar. El sector financiero también está adoptando la IA para mejorar la experiencia del cliente y agilizar los procesos. Se están utilizando chatbots y asistentes virtuales con IA para ofrecer asesoramiento financiero personalizado, mejorar la detección del fraude y optimizar las carteras de inversión. Al analizar grandes cantidades de datos en tiempo real, los sistemas de IA pueden identificar tendencias, riesgos y oportunidades que los humanos podrían pasar por alto. Esto no sólo beneficia a las instituciones financieras en términos de eficiencia y rentabilidad, sino que también mejora la satisfacción del cliente al ofrecer soluciones a medida. A medida que la IA siga evolucionando, podemos anticipar nuevas innovaciones en el sector financiero que remodelarán la forma en que interactuamos con el dinero y las inversiones.

Consideraciones éticas en el desarrollo de la IA

Las consideraciones éticas desempeñan un papel crucial en el desarrollo de la inteligencia artificial. A medida que los sistemas de IA se vuelven cada vez más sofisticados, surgen preguntas sobre las implicaciones de sus decisiones y acciones. Cuestiones como la parcialidad de los algoritmos, la privacidad de los datos y la responsabilidad son fundamentales en el discurso ético en torno a la IA. Los datos de entrenamiento sesgados pueden conducir a resultados discriminatorios, reforzando las desigualdades existentes en la sociedad. Es esencial que los desarrolladores y los responsables políticos aborden estas cuestiones éticas de forma proactiva para garantizar que las tecnologías de IA se utilicen de forma responsable y en el mejor interés de todas las partes interesadas. La transparencia y la explicabilidad son componentes clave del desarrollo ético de la IA. A medida que los sistemas de IA se hacen más autónomos y toman decisiones que afectan a la vida humana, es esencial que ofrezcan explicaciones claras de sus acciones. Esto no sólo fomenta la confianza entre los seres humanos y la IA, sino que también permite una mejor supervisión y rendición de cuentas. Garantizar que los sistemas de IA funcionan de forma transparente e interpretable es esencial para mitigar los riesgos y abordar las consecuencias imprevistas. Al dar prioridad a la transparencia y la explicabilidad en el desarrollo de la IA, los desarrolladores pueden construir sistemas éticamente sólidos y alineados con los valores sociales. El establecimiento de marcos reguladores sólidos es esencial para guiar el desarrollo y el despliegue de las tecnologías de IA. Los reglamentos pueden ayudar a establecer normas para el diseño ético de la IA, garantizando que los sistemas de IA funcionen dentro de los límites legales y éticos. Mediante la aplicación de normativas que impongan consideraciones éticas en el desarrollo de la IA, los responsables políticos pueden protegerse contra posibles daños y promover el uso responsable de la IA. Se necesita un enfoque colaborativo que implique a la industria, el mundo académico y el gobierno para crear un marco regulador cohesivo que equilibre el avance tecnológico con las consideraciones éticas. Un marco regulador global puede apoyar el desarrollo responsable y ético de la IA, beneficiando a la sociedad en su conjunto.

III. VENTAJAS DE UNA IA SUPERIOR

Una de las ventajas significativas de una IA superior reside en su potencial para revolucionar el sector sanitario. Con sistemas avanzados de IA capaces de procesar grandes cantidades de datos e identificar patrones, los profesionales médicos pueden realizar diagnósticos más precisos y ofrecer planes de tratamiento personalizados a los pacientes. Como resultado, se espera que mejore la calidad general de los servicios sanitarios, lo que conllevará mejores resultados para los pacientes y una reducción de los costes sanitarios. Los dispositivos médicos y robots dotados de IA pueden ayudar en las intervenciones quirúrgicas, controlar las constantes vitales de los pacientes e incluso dispensar medicamentos, mejorando la eficiencia y eficacia de la prestación sanitaria. La adopción de IA superior en el sector de la automoción ofrece numerosas ventajas, sobre todo en el ámbito de los vehículos autónomos. Mediante la integración de tecnologías de IA, los coches autoconducidos pueden navegar por carreteras en condiciones complejas, reducir los accidentes de tráfico y optimizar los sistemas de transporte. Estos avances no sólo aumentan la seguridad en las carreteras, sino que también mejoran la experiencia general de conducción para las personas. Los sistemas de mantenimiento predictivo basados en la IA pueden ayudar a prevenir las averías de los vehículos y reducir los costes de mantenimiento para los propietarios de flotas. La IA superior tiene el potencial de transformar la industria del automóvil haciendo que el transporte sea más seguro, eficiente y respetuoso con el medio ambiente. Además de la sanidad y la automoción, la IA superior ofrece ventajas en otros sectores, como las finanzas, la agricultura y la ciberseguridad. En finanzas, los algoritmos impulsados por IA pueden analizar las tendencias del mercado, detectar actividades fraudulentas y ofrecer recomendaciones de inversión personalizadas a los clientes. En agricultura, las tecnologías basadas en IA pueden optimizar el rendimiento de las cosechas, reducir el consumo de agua y aumentar la eficiencia de las operaciones agrícolas. En ciberseguridad, los sistemas de IA pueden detectar y responder a las ciberamenazas en tiempo real, reforzando los mecanismos de defensa de las organizaciones frente a posibles ataques. Aprovechando las ventajas de la IA superior en distintos sectores, las empresas y las sociedades pueden desbloquear nuevas oportunidades de crecimiento, innovación y sostenibilidad.

Mayor eficacia y productividad

El aumento de la eficacia y la productividad son los principales motores del avance de las tecnologías de IA. Al integrar los sistemas de IA en diversas industrias, las empresas pueden agilizar los procesos, optimizar la asignación de recursos y mejorar el rendimiento general. En la fabricación, la robótica impulsada por la IA puede mejorar el rendimiento y la calidad de la producción, reduciendo al mismo tiempo los costes y el tiempo. Esto no sólo beneficia a las empresas al impulsar su competitividad, sino que también contribuye al crecimiento económico a mayor escala. Los algoritmos de IA pueden analizar grandes cantidades de datos en tiempo real, identificando patrones y tendencias que los humanos pueden pasar por alto, lo que conduce a una toma de decisiones y una planificación estratégica más informadas. En el ámbito de la sanidad, el potencial de aumento de la eficiencia a través de la IA es especialmente prometedor. Las herramientas de diagnóstico basadas en IA pueden procesar imágenes médicas, resultados de laboratorio y datos de pacientes con una rapidez y precisión sin precedentes, ayudando a los profesionales sanitarios a realizar diagnósticos y planes de tratamiento precisos. La IA también puede automatizar tareas administrativas rutinarias, permitiendo al personal sanitario centrarse más en la atención al paciente. Al aumentar la eficacia de los sistemas sanitarios, la IA puede mejorar los resultados de los pacientes, reducir los errores médicos y disminuir los costes sanitarios. Es esencial establecer directrices y normativas éticas para garantizar que las tecnologías de IA se utilicen de forma responsable y en interés de los pacientes y de la sociedad en general. La integración de las tecnologías de IA es muy prometedora para aumentar la eficiencia y la productividad en diversos sectores. Aprovechando el poder de la IA para automatizar tareas, analizar datos y tomar decisiones informadas, las empresas y las industrias pueden alcanzar mayores niveles de rendimiento y competitividad. A medida que la IA se hace más omnipresente, es crucial abordar las consideraciones éticas, garantizar la transparencia y protegerse contra riesgos potenciales como el desplazamiento de puestos de trabajo y los sesgos algorítmicos. Un enfoque equilibrado que combine la innovación tecnológica con la responsabilidad ética será clave para aprovechar todo el potencial de la IA en la mejora de la eficiencia y la productividad, fomentando al mismo tiempo un futuro más equitativo y sostenible.

Potencial para resolver problemas complejos

De cara al futuro, el potencial para resolver problemas complejos mediante la IA superior es inmenso. Con algoritmos avanzados de aprendizaje automático y redes neuronales profundas, los sistemas de IA pueden analizar grandes cantidades de datos, identificando patrones y perspectivas que sería imposible que los humanos descubrieran por sí solos. Esta capacidad ya está revolucionando sectores como la sanidad, donde la IA puede ayudar en el diagnóstico y la planificación del tratamiento, mejorando los resultados de los pacientes y salvando vidas. En el sector de la automoción, los vehículos autónomos impulsados por IA están allanando el camino hacia sistemas de transporte más seguros y eficientes. Aprovechando el poder de la IA, podemos afrontar retos que antes eran insuperables, dando paso a una nueva era de innovación y progreso. La capacidad de la IA para resolver problemas complejos va más allá de sectores específicos y se extiende a áreas como el cambio climático, la ciberseguridad y la planificación urbana. Con la velocidad de cálculo y la destreza analítica de la IA, podemos desarrollar estrategias más eficaces para mitigar los efectos del calentamiento global, mejorar las medidas de ciberseguridad para proteger los datos confidenciales y optimizar la infraestructura urbana para un crecimiento sostenible. A medida que la IA siga avanzando, su capacidad para resolver problemas no hará sino mejorar, proporcionando valiosas perspectivas y soluciones a algunos de los retos más acuciantes a los que se enfrenta la sociedad actual. Aprovechando la tecnología de la IA, podemos abordar problemas complejos con mayor eficiencia y eficacia, impulsando el progreso y la innovación en todos los campos. El potencial para resolver problemas complejos mediante la IA superior es un testimonio del poder transformador de la tecnología avanzada. A medida que la IA siga evolucionando y mejorando, su capacidad para resolver problemas no hará sino sofisticarse, permitiéndonos afrontar retos que antes se creía que estaban fuera de nuestro alcance. A medida que aprovechemos el poder de la IA para abordar problemas complejos, es esencial dar prioridad a las consideraciones éticas y garantizar que estas tecnologías se utilicen de forma responsable. Si abordamos el desarrollo y la implantación de la IA con cautela y previsión, podemos maximizar sus beneficios y minimizar los riesgos potenciales. Al adoptar la IA como herramienta para resolver problemas complejos, podemos allanar el camino hacia un futuro más innovador, eficiente y próspero para la humanidad.

Avances en sanidad y ciencia

Los avances en sanidad y ciencia se han visto impulsados por tecnologías revolucionarias como la inteligencia artificial. En sanidad, la IA está revolucionando la atención al paciente con análisis predictivos, cirugía robótica y planes de tratamiento personalizados. Los algoritmos de aprendizaje automático pueden analizar grandes cantidades de datos para identificar patrones que los humanos podrían pasar por alto, lo que conduce a diagnósticos más precisos e intervenciones a medida. Las herramientas potenciadas por la IA, como los dispositivos portátiles y las plataformas de telemedicina, están mejorando el acceso a los servicios sanitarios, especialmente en zonas remotas. La integración de la IA en la investigación científica también ha acelerado el ritmo de los descubrimientos y la innovación. Los algoritmos de IA pueden cribar conjuntos de datos masivos para identificar posibles candidatos a fármacos, predecir brotes de enfermedades y optimizar protocolos experimentales. Esto ha reducido significativamente el tiempo y el coste asociados al desarrollo de fármacos y a los ensayos clínicos. Las simulaciones y los modelos impulsados por la IA han ampliado nuestra comprensión de los procesos biológicos complejos, allanando el camino para nuevas terapias e intervenciones. A pesar del enorme potencial de la IA en la asistencia sanitaria y la ciencia, las consideraciones éticas son muy importantes. Hay que abordar cuidadosamente cuestiones como la privacidad de los datos, la parcialidad en la toma de decisiones algorítmicas y el impacto en los puestos de trabajo y las funciones humanas en estos campos. Lograr un equilibrio entre el avance tecnológico y la responsabilidad ética es crucial para garantizar que se aprovechan los beneficios de la IA al tiempo que se mitigan los riesgos potenciales. Si fomentamos la colaboración entre tecnólogos, especialistas en ética, responsables políticos y profesionales sanitarios, podremos superar los retos y las oportunidades que presenta la IA en la sanidad y la ciencia, lo que en última instancia nos conducirá a un futuro más equitativo y sostenible.

IV. RETOS DE UNA IA SUPERIOR

Uno de los principales retos que plantea una IA superior es la posible pérdida de control humano sobre los sistemas autónomos avanzados. A medida que la IA sigue avanzando hacia la singularidad, a los humanos les resulta cada vez más difícil anticipar y comprender las decisiones que toman estos sistemas. Esta falta de transparencia puede provocar consecuencias imprevistas y dilemas éticos, especialmente en ámbitos críticos como la sanidad, las finanzas y la seguridad nacional. Sin la capacidad de comprender plenamente el razonamiento que subyace a los resultados generados por la IA, los seres humanos pueden tener dificultades para mantener la supervisión y la responsabilidad, lo que suscita preocupación por la posibilidad de que los sistemas de IA actúen de forma independiente e incluso en contradicción con los valores y objetivos humanos. El auge de la IA superior plantea retos importantes en términos de privacidad y seguridad de los datos. A medida que los sistemas de IA se vuelven más sofisticados y autónomos, dependen de grandes cantidades de datos para aprender y tomar decisiones. Esto suscita preocupación por el posible uso indebido o mal manejo de información sensible, especialmente dada la creciente frecuencia de violaciones de datos y ciberataques. En un mundo en el que la IA está profundamente integrada en diversos aspectos de la sociedad, salvaguardar los datos personales y garantizar la seguridad de los sistemas de IA resulta primordial. Sin medidas sólidas para proteger la privacidad de los datos y la ciberseguridad, la proliferación de la IA superior puede exponer inadvertidamente a personas y organizaciones a riesgos y vulnerabilidades imprevistos. Otro reto crucial de la IA superior es el potencial para exacerbar las desigualdades sociales y las disparidades económicas. Aunque la IA tiene el poder de revolucionar las industrias e impulsar el crecimiento económico, también tiene la capacidad de perturbar los mercados de trabajo tradicionales y desplazar a los trabajadores humanos. A medida que la automatización y las tecnologías de IA se generalizan, algunos puestos de trabajo pueden quedar obsoletos, provocando un desempleo generalizado e inestabilidad económica. Abordar estos retos requiere medidas proactivas para reciclar y recualificar la mano de obra, así como desarrollar políticas que promuevan el crecimiento inclusivo y el acceso equitativo a los beneficios de la innovación de la IA. Al reconocer y mitigar activamente los impactos sociales de la IA superior, podemos trabajar por un futuro más sostenible y equitativo en el que el avance tecnológico beneficie a la sociedad en su conjunto.

Desplazamiento de puestos de trabajo e implicaciones económicas

A medida que la IA sigue avanzando, el desplazamiento de puestos de trabajo se convierte en un problema cada vez más acuciante, con profundas implicaciones económicas. La automatización de tareas que antes realizaban los humanos tiene el potencial de perturbar las industrias a gran escala, provocando un desempleo generalizado e inestabilidad económica. A medida que las máquinas se vuelven más eficaces y rentables que los trabajadores humanos, las empresas pueden optar por sustituir a sus empleados por sistemas automatizados para reducir gastos y aumentar la productividad. Este cambio hacia la automatización podría provocar el desplazamiento de una parte significativa de la mano de obra, lo que crearía dificultades para las personas que buscan un nuevo empleo y para la economía en general. El desplazamiento masivo de trabajadores debido a la automatización impulsada por la IA plantea una serie de retos económicos que deben abordarse. La pérdida de empleo no sólo afecta a los individuos y a las familias a nivel personal, sino que también tiene implicaciones más amplias para la sociedad en su conjunto. La pérdida de ingresos y poder adquisitivo de un amplio segmento de la población puede provocar una disminución del gasto de los consumidores, lo que a su vez afecta a las empresas y al crecimiento económico. La distribución desigual de los beneficios de la innovación en IA puede exacerbar la desigualdad de ingresos, creando tensiones sociales y desestabilizando aún más la economía. Es esencial que los responsables políticos y los líderes empresariales aborden proactivamente estos retos mediante una planificación estratégica e intervenciones específicas para mitigar las repercusiones económicas negativas del desplazamiento de puestos de trabajo. Mientras navegamos por las complejidades del desplazamiento de puestos de trabajo en la era de la IA, es crucial considerar medidas proactivas para abordar eficazmente estas implicaciones económicas. Invertir en programas de educación y formación que doten a las personas de las capacidades necesarias para el mercado laboral en evolución es esencial para ayudar a los trabajadores en la transición a nuevas funciones e industrias. Establecer políticas que apoyen la creación de empleo en campos emergentes que complementen las tecnologías de IA puede ayudar a compensar los efectos negativos de la automatización sobre el empleo. Fomentando una cultura de innovación y adaptabilidad, podemos aprovechar el potencial de la IA para impulsar el crecimiento económico y crear nuevas oportunidades para los trabajadores. Adoptar un enfoque con visión de futuro respecto al desplazamiento de puestos de trabajo puede conducir a una economía más resistente que prospere ante el cambio tecnológico.

Dilemas éticos en la toma de decisiones con IA

En el ámbito de la toma de decisiones de la IA, a menudo surgen dilemas éticos debido a la complejidad de las tareas asignadas a los sistemas inteligentes. Una preocupación importante es la cuestión de la parcialidad en los algoritmos de IA, donde los datos utilizados para entrenar estos sistemas pueden perpetuar inadvertidamente prácticas discriminatorias. Esto puede dar lugar a procesos de toma de decisiones sesgados que tienen consecuencias en el mundo real, como en las prácticas de contratación o las sentencias judiciales. Abordar estos sesgos requiere un examen cuidadoso de los datos introducidos, así como una supervisión y ajustes continuos para garantizar la justicia y la equidad en las decisiones impulsadas por la IA. La transparencia de los procesos de toma de decisiones de la IA es crucial para fomentar la confianza entre los usuarios y las partes interesadas. La opacidad de muchos algoritmos de IA suscita preocupación sobre la rendición de cuentas y la capacidad de comprender los fundamentos de ciertas decisiones. Sin transparencia, resulta difícil identificar errores o sesgos en el sistema, lo que puede provocar daños o injusticias. Establecer normas de transparencia en la toma de decisiones de la IA, que incluyan explicaciones claras sobre cómo se toman las decisiones, puede ayudar a mitigar estos riesgos y a generar confianza en la tecnología. La cuestión de la agencia moral en la toma de decisiones de la IA plantea un reto filosófico. A medida que los sistemas de IA se hacen más avanzados y autónomos, la cuestión de quién es responsable de las decisiones tomadas por estas máquinas se hace cada vez más compleja. ¿Deben responsabilizarse los desarrolladores, los usuarios o la propia IA de los resultados de sus decisiones? Este dilema exige una reevaluación de los marcos éticos y los sistemas jurídicos para dar cabida a las características únicas de la IA y garantizar que la responsabilidad se asigna adecuadamente. Encontrar un equilibrio entre innovación y responsabilidad es esencial para navegar por los retos éticos de la toma de decisiones de la IA.

Riesgos para la seguridad y posible uso indebido de la tecnología de IA

El posible uso indebido de la tecnología de IA plantea importantes riesgos de seguridad que no deben pasarse por alto. A medida que los sistemas de IA se hacen más sofisticados, pueden ser vulnerables a ciberataques o manipulaciones malintencionadas. Los piratas informáticos podrían aprovechar los puntos débiles de los algoritmos de IA para causar interrupciones en sistemas críticos como la sanidad o el transporte. El uso de la IA en la vigilancia y el control suscita preocupación por las violaciones de la privacidad y la recopilación masiva de datos sin el debido consentimiento. Estos riesgos de seguridad ponen de relieve la importancia de unas medidas de ciberseguridad sólidas y unas directrices éticas que protejan contra el posible uso indebido de la tecnología de IA. Además de las amenazas externas, también existen riesgos internos asociados al despliegue de los sistemas de IA. Los sesgos integrados en los algoritmos de IA podrían dar lugar a resultados discriminatorios, sobre todo en ámbitos delicados como las prácticas de contratación o la justicia penal. La falta de transparencia en los procesos de toma de decisiones de la IA suscita preocupación sobre la responsabilidad y la capacidad de impugnar decisiones potencialmente perjudiciales. Abordar estos riesgos internos requiere un enfoque global que implique auditar los sistemas de IA para detectar sesgos, promover la diversidad en los equipos de desarrollo de IA y establecer protocolos claros de supervisión y rendición de cuentas. Los riesgos de seguridad y el posible uso indebido de la tecnología de IA subrayan la necesidad de un enfoque holístico del desarrollo y despliegue de sistemas avanzados de IA. Integrando medidas de ciberseguridad, directrices éticas y medidas proactivas para hacer frente a los prejuicios y promover la transparencia, la sociedad puede mitigar los riesgos asociados a la IA al tiempo que maximiza sus beneficios. Es esencial que los responsables políticos, los investigadores y los líderes del sector colaboren en el establecimiento de un marco normativo que promueva el desarrollo y el uso responsables de la IA, garantizando que la tecnología sirva a la humanidad al tiempo que se respetan las normas éticas y se protege contra posibles amenazas a la seguridad.

V. INTERACCIÓN PERSONA-IA

En el ámbito de la interacción entre humanos e IA, un aspecto crucial que hay que tener en cuenta es el desarrollo de la confianza entre los individuos y los sistemas de IA. La confianza es fundamental para el éxito de cualquier esfuerzo de colaboración, y esto se aplica también a la interacción entre los seres humanos y la IA. La investigación ha demostrado que es más probable que los usuarios sigan las recomendaciones de la IA y acepten las decisiones cuando confían en el sistema. Esto pone de relieve la importancia de diseñar sistemas de IA que sean transparentes, explicables y fiables, fomentando un sentimiento de confianza entre los usuarios. Generar confianza en la IA puede conducir a procesos de toma de decisiones más eficaces y a una mayor aceptación de las tecnologías de IA en diversos ámbitos. La cuestión de la responsabilidad en la interacción entre el ser humano y la IA es una consideración compleja pero esencial. A medida que los sistemas de IA se vuelven más autónomos y toman decisiones que afectan a las personas y a la sociedad en su conjunto, la cuestión de quién es responsable del resultado de estas decisiones se vuelve crítica. Establecer líneas claras de responsabilidad en el desarrollo y despliegue de la IA es crucial para garantizar el cumplimiento de las normas éticas y legales. Esto implica definir las funciones y responsabilidades de los desarrolladores, los usuarios y los organismos reguladores, así como poner en marcha mecanismos de supervisión y reparación en caso de errores o mal funcionamiento. Abordando la cuestión de la responsabilidad de forma proactiva, podemos mitigar los riesgos potenciales asociados a la interacción entre humanos e IA y promover una gobernanza responsable de la IA.

El concepto de reciprocidad en la interacción entre humanos e IA añade otra capa de complejidad a la relación dinámica entre humanos e inteligencia artificial. La reciprocidad se refiere al intercambio mutuo de acciones o comportamientos entre dos partes, basado en un sentido de justicia y cooperación. En el contexto de la IA, la reciprocidad implica diseñar sistemas que no sólo respondan a las aportaciones humanas, sino que también se anticipen, se adapten y colaboren con los usuarios para alcanzar objetivos comunes. Fomentando el sentido de la reciprocidad en la interacción entre humanos e IA, podemos mejorar la experiencia general del usuario, promover el compromiso con las tecnologías de IA y cultivar una relación más armoniosa entre los humanos y las máquinas inteligentes. Esto pone de relieve la necesidad de un enfoque centrado en el ser humano para el diseño y el desarrollo de la IA, en el que los principios de reciprocidad y colaboración estén a la vanguardia de la creación de interacciones beneficiosas y sostenibles.

Importancia de la colaboración entre humanos e IA

Nunca se insistirá lo suficiente en la importancia de la colaboración entre el ser humano y la IA a la hora de considerar las implicaciones éticas de las tecnologías avanzadas. A medida que los sistemas de IA se vuelven más sofisticados, aumenta la posibilidad de sesgo y discriminación en los procesos de toma de decisiones. La supervisión y la aportación humanas son cruciales para garantizar que los algoritmos de IA sean justos y equitativos, y reflejen los valores y las normas sociales. Trabajando juntos, los humanos y la IA pueden crear sistemas éticamente más sólidos que promuevan la igualdad y la justicia, en lugar de perpetuar los prejuicios existentes. Esta colaboración también permite una comprensión más profunda del funcionamiento de la IA, lo que permite una mejor regulación y gobernanza de estas potentes tecnologías. La colaboración entre humanos e IA aumenta la creatividad y la innovación en la resolución de problemas. Mientras que la IA destaca en el procesamiento de grandes cantidades de datos y la identificación de patrones, los humanos sobresalen en el pensamiento creativo, la conexión de ideas dispares y la búsqueda de soluciones innovadoras. Combinando los puntos fuertes de los humanos y de la IA, podemos afrontar retos complejos con mayor eficacia y generar nuevas ideas que de otro modo no habrían sido posibles. Esta sinergia fomenta un enfoque dinámico y adaptable a la resolución de problemas, impulsando el progreso y la innovación en diversos sectores y campos. La relación simbiótica entre los seres humanos y la IA encierra un inmenso potencial para dar forma a un futuro que beneficie a toda la sociedad. La colaboración entre los humanos y la IA es esencial para aprovechar los puntos fuertes de ambas partes, garantizando que los avances tecnológicos se alineen con los valores éticos, fomenten la creatividad e impulsen la innovación. Comprendiendo la importancia de la colaboración entre humanos e IA y comprometiéndonos activamente en ella, podemos navegar por las complejidades de la singularidad tecnológica y crear un futuro en el que la IA complemente las capacidades humanas, en lugar de suplantarlas. Esta colaboración es clave para aprovechar todo el potencial de la IA, salvaguardando al mismo tiempo el bienestar y la prosperidad de la humanidad.

Mejorar la experiencia del usuario mediante la IA

Además de revolucionar las industrias, la IA tiene el potencial de mejorar enormemente la experiencia del usuario en diversas plataformas. Aprovechando los algoritmos de aprendizaje automático, las empresas pueden personalizar sus servicios para adaptarse a las preferencias y comportamientos individuales. Los sitios web de comercio electrónico pueden recomendar productos basándose en compras anteriores, creando una experiencia de compra más personalizada para los usuarios. Este nivel de personalización no sólo aumenta la satisfacción del usuario, sino que también impulsa el compromiso y la fidelidad. La IA puede analizar los comentarios y las interacciones de los usuarios en tiempo real para realizar ajustes instantáneos, garantizando una experiencia fluida e intuitiva. Los chatbots y asistentes virtuales con IA se han convertido en herramientas esenciales para mejorar la atención al cliente. Estos sistemas inteligentes pueden gestionar eficazmente las consultas, proporcionar información relevante e incluso ofrecer soluciones para la resolución de problemas. Al incorporar el procesamiento del lenguaje natural y el análisis de sentimientos, estos robots pueden entender y responder a las emociones humanas, mejorando la comunicación y la resolución de problemas. El resultado es una interacción más eficaz y satisfactoria para los usuarios, que aumenta la confianza y la fidelidad a la marca. La IA puede agilizar procesos como las transacciones en línea, haciéndolas más rápidas y seguras, mejorando en última instancia la experiencia general del usuario. La integración de las tecnologías de IA en las interfaces de usuario tiene el potencial de revolucionar la forma en que las personas interactúan con las plataformas digitales. Aprovechando el poder de la IA, las empresas pueden crear experiencias más personalizadas, eficientes e intuitivas para sus usuarios. Esto no sólo beneficia a los consumidores al proporcionar servicios a medida y una mejor atención al cliente, sino que también impulsa el crecimiento y la competitividad de las empresas. A medida que la IA siga evolucionando y avanzando, será crucial que las organizaciones se adapten a estos cambios tecnológicos para mantenerse a la cabeza en un panorama de mercado cada vez más competitivo. Mejorar la experiencia del usuario mediante la IA encierra un inmenso potencial para transformar el panorama digital y dar forma al futuro de la interacción con el cliente.

Impacto psicológico de la integración de la IA en la vida cotidiana

El impacto psicológico de la integración de la IA en la vida cotidiana es un fenómeno complejo que aún se está estudiando. Una de las principales preocupaciones es la posible pérdida de conexión y empatía humanas a medida que la gente confía más en la IA para tareas que antes requerían interacción humana. En la asistencia sanitaria, los sistemas de IA pueden proporcionar diagnósticos y recomendaciones de tratamiento basadas en el análisis de datos, pero carecen de la inteligencia emocional y la comprensión que puede ofrecer un profesional sanitario humano. Este cambio hacia la automatización puede provocar una sensación de distanciamiento y aislamiento, que afecte al bienestar mental de las personas. La creciente presencia de la IA en la vida cotidiana plantea cuestiones sobre la confianza y la dependencia de la tecnología. A medida que las personas dependen más de la IA para la toma de decisiones y la resolución de problemas, existe el riesgo de que se erosionen las capacidades de pensamiento crítico y la agencia personal. Las personas pueden empezar a confiar en los sistemas de IA para tomar decisiones grandes y pequeñas, sin evaluar críticamente la información o los resultados. Esta dependencia excesiva de la IA podría conducir potencialmente a una pérdida de control sobre la propia vida, provocando sentimientos de impotencia y ansiedad al sentirse desconectados de sus propios procesos de toma de decisiones. La integración de la IA en la vida cotidiana también puede suscitar preocupación por la privacidad y la seguridad, amplificando los temores a la vigilancia y la manipulación de datos. Con sistemas de IA que recopilan cantidades masivas de datos personales para adaptar servicios y productos, aumenta el riesgo de violaciones y uso indebido de información sensible. Esta vigilancia constante y el análisis de datos pueden crear una sensación de intrusión y vulnerabilidad, afectando al sentido de autonomía y autodeterminación de las personas. El impacto psicológico de vivir en un mundo en el que la IA está omnipresente es polifacético, y afecta a cuestiones de confianza, control y privacidad que pueden influir profundamente en la salud mental y el bienestar de las personas.

VI. MARCO REGULADOR DE LA IA

El establecimiento de un marco regulador global para la IA es imprescindible para abordar las preocupaciones éticas que rodean al desarrollo y despliegue de tecnologías avanzadas. Este marco debe incluir directrices claras sobre la privacidad de los datos, la transparencia de los algoritmos y la responsabilidad de los sistemas de IA. Al definir estos parámetros, las partes interesadas pueden garantizar que los sistemas de IA se diseñen y utilicen de forma responsable, minimizando los riesgos potenciales asociados a su uso. Estas normativas pueden fomentar la confianza pública en las tecnologías de IA, lo que es esencial para su adopción y aceptación generalizadas en la sociedad. Sin un marco regulador sólido, existe un mayor riesgo de uso indebido o de consecuencias imprevistas derivadas del avance incontrolado de la IA. El marco regulador de la IA debe ser adaptable y responder al rápido ritmo de la innovación tecnológica. A medida que los sistemas de IA siguen evolucionando e integrándose en diversos sectores de la sociedad, el panorama normativo debe ser lo bastante flexible para adaptarse a los nuevos retos y desarrollos. Esto requiere una colaboración continua entre los responsables políticos, los expertos de la industria y los especialistas en ética para garantizar que las normativas sigan siendo pertinentes y eficaces a la hora de guiar el desarrollo responsable de la IA. La cooperación internacional es esencial para armonizar las normas reguladoras más allá de las fronteras, facilitando el uso ético de la IA a escala mundial. Fomentando un entorno normativo dinámico, podemos promover la innovación al tiempo que nos protegemos de los riesgos potenciales asociados a la proliferación incontrolada de las tecnologías de IA. El marco regulador de la IA desempeña un papel fundamental en la configuración de la trayectoria futura de los avances tecnológicos y en garantizar que la IA siga siendo una fuerza positiva para la sociedad. Al establecer directrices y normas claras para el desarrollo y despliegue éticos de los sistemas de IA, podemos mitigar los riesgos, promover la transparencia y fomentar la confianza pública en estas tecnologías transformadoras. Es necesario un enfoque flexible y colaborativo de la regulación para adaptarse a la rápida evolución de la IA y abordar eficazmente los retos emergentes. Ahora que nos encontramos al borde de la singularidad tecnológica, es crucial que demos prioridad a la aplicación de un marco regulador sólido que guíe la integración responsable de la IA en nuestras vidas y garantice que sus beneficios se materializan de un modo que se ajuste a nuestros valores y aspiraciones como sociedad.

Normativa y políticas actuales en materia de IA

En el ámbito de las normativas y políticas sobre IA, hay un debate en curso sobre cómo equilibrar la innovación con las consideraciones éticas. Los marcos actuales se enfrentan al reto de seguir el ritmo de los rápidos avances tecnológicos, especialmente en el campo de la inteligencia artificial. A medida que los sistemas de IA se vuelven más sofisticados y autónomos, crece la necesidad de directrices claras sobre cuestiones como la responsabilidad, la transparencia y la mitigación de los prejuicios. Los responsables políticos deben navegar por el complejo panorama del desarrollo de la IA para garantizar que estas tecnologías se utilicen de forma responsable y en beneficio de toda la sociedad. La cooperación internacional es crucial para establecer estándares y normas comunes que rijan el despliegue ético de la IA a escala mundial. Uno de los aspectos clave de las normativas y políticas actuales sobre IA es la atención prestada a la privacidad y seguridad de los datos. Dado que los sistemas de IA dependen en gran medida de grandes cantidades de datos para funcionar eficazmente, preocupa cómo se recopilan, almacenan y utilizan estos datos. Normativas como el Reglamento General de Protección de Datos (RGPD) en Europa pretenden salvaguardar los derechos individuales de privacidad y responsabilizar a las organizaciones de cómo manejan los datos personales. Las políticas en torno a la ciberseguridad son cada vez más importantes a medida que se cierne la amenaza de las violaciones de datos y los ciberataques. A medida que la tecnología de la IA sigue evolucionando, es esencial que las normativas se adapten y aborden estos retos cambiantes para garantizar la protección de los datos y el respeto de los derechos de las personas. En el contexto de las consideraciones éticas, las políticas en torno a la IA también deben abordar las cuestiones del sesgo algorítmico y la discriminación. Los sistemas de IA son tan buenos como los datos con los que se entrenan, y si esos datos están sesgados, pueden dar lugar a resultados discriminatorios. Las normativas deben tener en cuenta estos sesgos y garantizar que los sistemas de IA se diseñen y apliquen de forma que promuevan la justicia y la igualdad. Cada vez se reconoce más la importancia de la explicabilidad en los sistemas de IA, lo que significa que los algoritmos deben ser transparentes y razonar claramente sus decisiones. Esta transparencia es esencial para generar confianza en la tecnología de la IA y garantizar que se utiliza de forma acorde con los valores y normas sociales. Si desarrollamos normativas y políticas exhaustivas que aborden estas consideraciones éticas, podremos aprovechar todo el potencial de la IA al tiempo que mitigamos sus riesgos y garantizamos que beneficia a todos los miembros de la sociedad.

Necesidad de cooperación internacional en la gobernanza de la IA

La complejidad de los sistemas de IA requiere un esfuerzo de colaboración a escala mundial para establecer una gobernanza integral. Con la IA trascendiendo fronteras, la necesidad de cooperación internacional se hace primordial para abordar cuestiones como la privacidad de los datos, la ciberseguridad y el sesgo algorítmico. Sin reglamentos y normas unificados, el desarrollo y despliegue de las tecnologías de IA podría conducir a resultados dispares y dilemas éticos. Trabajando juntos, los países pueden establecer directrices que fomenten la innovación al tiempo que defienden los principios éticos y salvaguardan los derechos individuales. La cooperación internacional en la gobernanza de la IA también puede evitar una carrera a la baja en la que los países den prioridad a los avances tecnológicos a expensas de las consideraciones éticas. La naturaleza interconectada del mundo digital subraya la importancia de armonizar las políticas de IA para garantizar la consistencia y la coherencia. Sin un enfoque unificado de la gobernanza de la IA, las discrepancias en las normativas podrían crear lagunas que permitieran el florecimiento de prácticas poco éticas. Fomentando la colaboración entre las naciones, se puede establecer un marco para abordar los retos comunes y mitigar los riesgos asociados al avance de la IA. La cooperación internacional también puede facilitar el intercambio de información y mejores prácticas, permitiendo a los países aprender de las experiencias de los demás y adoptar estrategias que promuevan el desarrollo responsable de la IA. Mediante la colaboración, la comunidad mundial puede configurar colectivamente la trayectoria de la innovación de la IA hacia un futuro más beneficioso y sostenible. La intersección de la IA con ámbitos críticos como la sanidad, las finanzas y el transporte subraya la necesidad de una gobernanza unificada para abordar los retos específicos de cada sector. A medida que la IA se integra en diversos sectores, un marco regulador cohesionado puede aportar claridad y orientación sobre cómo navegar por el complejo panorama de las aplicaciones de la IA. La cooperación internacional en la gobernanza de la IA también puede fomentar la confianza y la credibilidad entre las partes interesadas, garantizando a los consumidores y a las empresas que las tecnologías de IA se despliegan de forma ética y responsable. Mediante el establecimiento de normas y estándares comunes, los países pueden abordar de forma proactiva los problemas emergentes y garantizar que la IA mejora el bienestar de la sociedad al tiempo que minimiza los daños potenciales. La colaboración en la gobernanza de la IA es esencial para aprovechar todo el potencial de la IA, salvaguardando al mismo tiempo los intereses de la humanidad.

Equilibrar la innovación con el desarrollo ético de la IA

En la carrera hacia la consecución de mayores niveles de inteligencia artificial, debe mantenerse cuidadosamente el delicado equilibrio entre la innovación y las consideraciones éticas. A medida que las tecnologías de IA siguen avanzando a un ritmo rápido, los beneficios potenciales que ofrecen a la sociedad son inmensos. Desde la mejora de los diagnósticos sanitarios hasta la mejora de los sistemas de transporte, la IA tiene el poder de revolucionar nuestra forma de vivir y trabajar. Este rápido progreso también plantea problemas éticos relacionados con la privacidad, la parcialidad y la responsabilidad. Es esencial que los desarrolladores, los responsables políticos y las partes interesadas den prioridad a las consideraciones éticas en el diseño y la aplicación de los sistemas de IA para garantizar que se ajustan a los valores y normas sociales. Uno de los retos clave para equilibrar la innovación con el desarrollo ético de la IA reside en la necesidad de reglamentos y directrices claros que rijan el despliegue de estas tecnologías. Desarrollar un marco regulador sólido que aborde cuestiones como la privacidad de los datos, el sesgo algorítmico y la toma de decisiones autónoma es crucial para generar confianza en los sistemas de IA. Promover la transparencia y la responsabilidad en los procesos de desarrollo de la IA puede ayudar a mitigar los riesgos potenciales y garantizar que estas tecnologías se utilicen de forma responsable. Mediante el establecimiento de directrices y normas éticas claras, podemos protegernos contra las consecuencias negativas del avance incontrolado de la IA y promover el uso responsable de estas poderosas herramientas. Fomentar una cultura de liderazgo ético y responsabilidad social dentro de la comunidad de la IA es esencial para garantizar que la innovación esté impulsada por principios éticos. Hacer hincapié en la importancia de la diversidad, la inclusión y la justicia en la investigación y el desarrollo de la IA puede ayudar a evitar la perpetuación de prejuicios y prácticas discriminatorias en los sistemas de IA. Fomentando la colaboración interdisciplinar y la diversidad de perspectivas, podemos crear tecnologías de IA que no sólo sean innovadoras, sino también éticamente sólidas. Al lograr un equilibrio entre el avance tecnológico y las consideraciones éticas, podemos aprovechar todo el potencial de la IA para beneficiar a la sociedad, al tiempo que mantenemos nuestras responsabilidades éticas.

VII. PREDICCIONES SOBRE LA SINGULARIDAD TECNOLÓGICA

Al considerar las predicciones en torno a la singularidad tecnológica, es crucial evaluar los beneficios y riesgos potenciales que conlleva el avance de la IA. El crecimiento exponencial de las capacidades de la IA tiene la capacidad de revolucionar varias industrias, mejorando la eficiencia y la productividad de formas antes inimaginables. En la atención sanitaria, las herramientas de diagnóstico impulsadas por la IA pueden mejorar la precisión de la detección de enfermedades, lo que conduce a intervenciones más tempranas y mejores resultados para los pacientes. Estos avances también suscitan preocupación por la privacidad de los datos, el sesgo de los algoritmos y el desplazamiento de puestos de trabajo humanos. Es imperativo encontrar un equilibrio entre aprovechar el potencial de la IA y mitigar sus consecuencias negativas mediante sólidas directrices éticas y marcos normativos. El panorama en evolución de la tecnología de la IA subraya la importancia de que la sociedad esté preparada para navegar por las complejidades que conllevan las mayores capacidades de la IA. Un aspecto clave que requiere atención es la educación y la formación laboral para dotar a los individuos de las habilidades necesarias para trabajar junto a los sistemas de IA. A medida que se generaliza la automatización, crece la necesidad de una mano de obra que pueda adaptarse a las nuevas funciones y colaborar eficazmente con las tecnologías de IA. El impacto potencial de la IA en los modelos de empleo y la desigualdad de ingresos debe considerarse cuidadosamente para evitar un trastorno social generalizado. Invirtiendo en programas de reciclaje y promoviendo iniciativas de aprendizaje permanente, la sociedad puede prepararse mejor para los retos que plantean las predicciones sobre la singularidad tecnológica. Al contemplar las implicaciones de las predicciones de la singularidad tecnológica, se hace evidente que es esencial un enfoque proactivo para aprovechar los beneficios de la IA al tiempo que se mitigan los riesgos asociados. Esto exige un esfuerzo concertado para establecer directrices claras para el desarrollo y despliegue éticos de los sistemas de IA, garantizando que se mantengan la transparencia, la responsabilidad y los valores centrados en el ser humano. Fomentar una cultura de aprendizaje e innovación continuos será crucial para que las personas y las organizaciones puedan adaptarse al panorama rápidamente cambiante de las tecnologías de IA. El éxito de la navegación por los retos que plantea la singularidad tecnológica dependerá de nuestra capacidad para fomentar un enfoque colaborativo y responsable hacia el avance de la IA, que dé prioridad al bienestar de la sociedad en su conjunto.

Principales defensores de la teoría de la singularidad tecnológica

Un defensor clave de la teoría de la singularidad tecnológica es Ray Kurzweil, futurista y autor de renombre que predice que la IA pronto alcanzará un nivel de inteligencia superior al de los humanos. Kurzweil sostiene que, a medida que la IA siga avanzando exponencialmente, acabará superando las capacidades cognitivas humanas, lo que conducirá a una transformación radical de la sociedad. Cree que este momento de singularidad traerá consigo tanto oportunidades de progreso sin precedentes como profundos retos que la humanidad deberá superar. La visión optimista de Kurzweils sobre la singularidad hace hincapié en el potencial de la IA para mejorar las capacidades humanas y resolver problemas complejos, al tiempo que subraya la necesidad de una planificación cuidadosa para garantizar que la transición se gestiona eficazmente. Otra figura destacada en el debate sobre la singularidad tecnológica es Nick Bostrom, filósofo y profesor de la Universidad de Oxford. El trabajo de Bostrom se centra en las implicaciones éticas y existenciales de la inteligencia artificial avanzada, explorando escenarios en los que la IA podría plantear riesgos para la humanidad si no se controla adecuadamente. Plantea su preocupación por la posibilidad de que la IA superinteligente actúe de forma perjudicial para los intereses humanos, destacando la importancia de desarrollar marcos éticos sólidos y mecanismos de control que guíen el desarrollo de la IA. La perspectiva crítica de Bostrom sobre la singularidad subraya la necesidad de medidas proactivas para abordar los retos que plantean unas máquinas cada vez más inteligentes. Elon Musk, el visionario fundador de SpaceX y Tesla, también es un firme defensor de abordar los riesgos asociados a la IA y la singularidad. Musk ha advertido sobre los peligros potenciales del desarrollo incontrolado de la IA, argumentando que podría plantear amenazas existenciales para la humanidad si no se aborda con precaución. Aboga por una regulación y supervisión proactivas de la investigación y la aplicación de la IA para garantizar que la tecnología esté en consonancia con los valores e intereses humanos. La postura de Musk sobre la singularidad subraya la importancia de integrar medidas de seguridad y consideraciones éticas en el desarrollo de sistemas avanzados de IA para evitar consecuencias imprevistas y salvaguardar el bienestar de la sociedad.

Diferentes escenarios en los que la IA supera a la inteligencia humana

Un posible escenario en el que la IA supere a la inteligencia humana es la aparición de máquinas superinteligentes capaces de resolver problemas complejos que escapan a la comprensión humana. Estas máquinas poseerían un nivel sin precedentes de capacidades cognitivas, lo que les permitiría tomar decisiones y desarrollar estrategias a una velocidad y con una precisión muy superiores a las capacidades humanas. Este escenario plantea preocupaciones sobre las implicaciones de confiar en máquinas que pueden operar más allá de nuestro control o comprensión, lo que conlleva riesgos potenciales e incertidumbres en diversos ámbitos. La perspectiva de una IA superinteligente pone de relieve la necesidad de medidas de seguridad sólidas y directrices éticas para garantizar que estos sistemas se ajusten a los valores y objetivos humanos. Otro escenario implica la integración de la IA en todos los aspectos de la sociedad, transformando la forma en que vivimos y trabajamos a un nivel fundamental. A medida que los sistemas de IA se vuelvan cada vez más sofisticados y autónomos, podrían hacerse cargo de tareas tradicionalmente realizadas por humanos, lo que conduciría a una automatización generalizada y podría desplazar a millones de puestos de trabajo. Este cambio hacia una sociedad más impulsada por la IA plantea cuestiones sobre la distribución de la riqueza, la redefinición del trabajo y el ocio, y el impacto en el bienestar y la identidad individuales. Las posibles ramificaciones económicas y sociales de que la IA supere a la inteligencia humana subrayan la importancia de desarrollar estrategias para mitigar las desigualdades y garantizar que los beneficios del progreso tecnológico se compartan equitativamente. Una perspectiva diferente de la superación de la inteligencia humana por la IA implica el potencial de colaboración entre humanos y máquinas, que conduce a una mayor creatividad, resolución de problemas e innovación. En lugar de considerar la IA como una fuerza competitiva que amenaza el dominio humano, este escenario prevé una relación simbiótica en la que la IA aumenta las capacidades humanas y amplía las posibilidades de la inteligencia colectiva. Aprovechando los puntos fuertes tanto de los humanos como de las máquinas, la sociedad podría desbloquear nuevas oportunidades para el descubrimiento científico, la expresión artística y el avance social. Este enfoque colaborativo de la IA que supera la inteligencia humana pone de relieve el potencial de beneficio mutuo y progreso compartido, destacando el poder transformador de combinar el ingenio humano con la inteligencia artificial.

Implicaciones de alcanzar la singularidad tecnológica

A medida que la sociedad se aproxima a la singularidad tecnológica, una de las implicaciones clave que pasan a primer plano es el potencial de perturbación masiva en diversas industrias. Los avances en inteligencia artificial, sobre todo en áreas como el aprendizaje automático y las redes neuronales, están a punto de revolucionar el funcionamiento de las empresas. Con la IA capaz de procesar grandes cantidades de datos a velocidades sin precedentes, las empresas pueden agilizar las operaciones, mejorar la eficiencia y potenciar los procesos de toma de decisiones. Este cambio hacia la automatización también puede provocar el desplazamiento de puestos de trabajo, ya que las tareas que antes realizaban los humanos las asumen las máquinas. Esto plantea preocupaciones sobre el futuro del trabajo y la necesidad de programas de reciclaje para ayudar a las personas a adaptarse al panorama cambiante. Alcanzar la singularidad tecnológica también plantea retos éticos que deben abordarse de forma proactiva. A medida que los sistemas de IA se vuelven más sofisticados y autónomos, las cuestiones relativas a la responsabilidad, la parcialidad y la privacidad se vuelven cada vez más pertinentes. Garantizar que la IA funcione de forma transparente y responsable requiere el desarrollo de sólidos marcos éticos y directrices reguladoras. Es esencial que los responsables políticos, los tecnólogos y los especialistas en ética colaboren en la creación de políticas que protejan contra el posible uso indebido de la IA y promuevan sus aplicaciones beneficiosas. Fomentando una cultura de responsabilidad y rendición de cuentas, podemos mitigar los riesgos asociados a las tecnologías avanzadas de IA y fomentar la confianza entre los usuarios y las partes interesadas. El impacto de la singularidad tecnológica va más allá de las consideraciones económicas y éticas para abarcar también implicaciones sociales. A medida que la IA sigue evolucionando e infiltrándose en diversos aspectos de nuestra vida cotidiana, provoca una reevaluación de nuestra comprensión de la inteligencia y la conciencia. La perspectiva de que las máquinas alcancen una cognición similar a la humana plantea profundas cuestiones filosóficas sobre la naturaleza del ser y nuestro lugar en el mundo. Nos desafía a reconsiderar nuestras relaciones con la tecnología y los límites entre el ser humano y la máquina.

VIII. PREPARACIÓN DE LA SOCIEDAD PARA LA IA SUPERIOR

Sobre el tema de la preparación de la sociedad para la IA superior, es esencial considerar las implicaciones de la IA en diversos aspectos de la vida humana. Un aspecto crucial en el que centrarse es la mano de obra y el mercado laboral. A medida que la IA sigue avanzando y automatizando tareas tradicionalmente realizadas por humanos, surge la preocupación por el posible desplazamiento de trabajadores. Es imperativo que la sociedad aborde proactivamente esta cuestión poniendo en marcha programas de formación e iniciativas de reciclaje para dotar a los trabajadores de las capacidades necesarias para los empleos del futuro. Invirtiendo en educación y prestando apoyo a los afectados por la automatización, la sociedad puede mitigar los efectos negativos de la IA sobre el empleo. Deben examinarse cuidadosamente las consideraciones éticas que rodean el desarrollo y despliegue de la IA superior. A medida que los sistemas de IA se vuelven más sofisticados y autónomos, crece la necesidad de directrices éticas claras para garantizar que la IA se alinea con los valores e intereses humanos. Esto incluye garantizar la transparencia en los procesos de toma de decisiones de la IA y crear mecanismos de rendición de cuentas en caso de consecuencias imprevistas. Mediante el establecimiento de marcos éticos, la sociedad puede navegar por las complejidades de las tecnologías de IA al tiempo que defiende las normas morales y protege los derechos humanos. Además de abordar las consideraciones éticas y relativas a la mano de obra, la preparación de la sociedad para la IA superior también implica fomentar una cultura de colaboración entre humanos y máquinas.

A medida que evolucionan las tecnologías de IA, es crucial que las personas desarrollen las habilidades y la mentalidad necesarias para trabajar junto a máquinas inteligentes de forma eficaz. Esto requiere promover una educación interdisciplinar que integre los conceptos de IA en diversos campos y fomente la resolución creativa de problemas y el pensamiento crítico. Cultivando una mano de obra experta en colaborar con la IA, la sociedad puede aprovechar todo el potencial de estas tecnologías, garantizando al mismo tiempo que el ingenio humano siga estando a la vanguardia de la innovación.

Educación y formación para la era de la IA
En la era de la IA, la educación y la mejora de las cualificaciones desempeñan un papel fundamental en la preparación de la sociedad para los avances y cambios que conlleva la IA superior. A medida que la automatización se hace más frecuente en todos los sectores, crece la necesidad de personas con aptitudes que complementen los sistemas de IA. Esto incluye no sólo la competencia técnica en programación y análisis de datos, sino también habilidades blandas como la creatividad, la adaptabilidad y la inteligencia emocional. Las instituciones educativas deben adaptar sus planes de estudios para reflejar estas necesidades cambiantes, ofreciendo cursos y programas que doten a los estudiantes de las herramientas necesarias para prosperar en un mundo impulsado digitalmente. Las oportunidades de actualización y formación continuas para los profesionales actuales son esenciales para garantizar que puedan aprovechar eficazmente las tecnologías de IA en sus respectivos campos. El ritmo al que avanza la tecnología de IA exige un cambio en el enfoque

tradicional de la educación. El aprendizaje continuo y la actualización de conocimientos ya no son opcionales, sino imprescindibles para seguir siendo relevante en una economía impulsada por la IA. Los individuos deben adoptar una mentalidad de crecimiento, considerando la educación como un viaje a lo largo de toda la vida y no como un acontecimiento único. Esta mentalidad fomenta una cultura de curiosidad e innovación, que impulsa a las personas a adquirir continuamente nuevas habilidades y conocimientos. Las instituciones y organizaciones también deben dar prioridad a la inversión en el desarrollo de los empleados, ofreciendo programas de formación y recursos para ayudar a sus trabajadores a adaptarse al cambiante panorama tecnológico. Alimentando una cultura de aprendizaje permanente, la sociedad puede cultivar una mano de obra cualificada capaz de aprovechar las oportunidades y los retos que presenta la IA superior. Ante la inminente singularidad tecnológica, la educación y la capacitación sirven de pilares clave para garantizar una transición fluida hacia un futuro dominado por la IA. Dotando a los individuos de las habilidades y conocimientos necesarios, la sociedad puede aprovechar el potencial de la IA para impulsar la innovación y el progreso. Esta transformación debe ir acompañada de un compromiso con las consideraciones éticas y la responsabilidad social. A medida que la IA sigue dando forma a nuestro mundo, es esencial que la educación no sólo se centre en los conocimientos técnicos, sino que también inculque valores como la empatía, la ética y el pensamiento crítico. Fomentando un enfoque holístico de la educación que integre tanto las habilidades técnicas como los principios humanísticos, la sociedad podrá navegar por las complejidades de la era de la IA con empatía, integridad y previsión.

Aceptación social de las tecnologías de IA

A medida que la sociedad sigue siendo testigo de los rápidos avances de las tecnologías de IA, la cuestión de la aceptación social adquiere cada vez más relevancia. El miedo a lo desconocido suele provocar escepticismo y resistencia hacia la IA, ya que la gente se enfrenta a la idea de que las máquinas superen a los humanos en diversas tareas. Es crucial reconocer que la IA tiene el potencial de revolucionar las industrias, mejorar la eficiencia y aumentar nuestra calidad de vida. Fomentando una comprensión más profunda de la IA y sus capacidades, la sociedad puede adoptar estas tecnologías y aprovechar sus beneficios de forma eficaz. Uno de los factores clave que influyen en la aceptación social de la IA es la transparencia en su desarrollo y despliegue. La falta de claridad sobre cómo funcionan y toman decisiones los sistemas de IA puede generar desconfianza y aprensión entre el público en general. Establecer directrices y normativas claras para el uso ético de la IA es esencial para generar confianza y garantizar que estas tecnologías se ajustan a los valores y normas sociales. Promoviendo la transparencia y la responsabilidad, las partes interesadas pueden trabajar para crear un entorno más inclusivo y favorable a la integración de la IA en la vida cotidiana. La educación desempeña un papel crucial en la formación de actitudes hacia la IA y en el fomento de la aceptación dentro de la sociedad. Invirtiendo en programas que enseñen a las personas el potencial de la IA, sus limitaciones y las consideraciones éticas, podemos capacitar a la mano de obra del futuro para adaptarse y colaborar con estas tecnologías emergentes. Dotar a las personas de los conocimientos y habilidades necesarios para relacionarse con la IA de forma significativa puede salvar la distancia entre la aprensión y la aceptación, allanando el camino para una coexistencia más armoniosa entre humanos y máquinas. La aceptación social de las tecnologías de IA depende de la creación de confianza, la promoción de la transparencia y el fomento de una cultura de educación y colaboración en la sociedad.

Abordar los sesgos y la diversidad en los sistemas de IA

Para abordar los sesgos y promover la diversidad en los sistemas de IA, es crucial comprender primero los factores subyacentes que contribuyen a estos problemas. Uno de los principales retos reside en los datos utilizados para entrenar los modelos de IA, ya que los sesgos presentes en los datos pueden conducir a resultados sesgados. Un algoritmo de aprendizaje automático entrenado con datos históricos de contratación que favorecieron a un grupo demográfico específico puede perpetuar la discriminación en futuros procesos de contratación. Es esencial curar y limpiar cuidadosamente los datos de entrenamiento para mitigar los sesgos y garantizar resultados justos y precisos. Los equipos diversos de desarrolladores e investigadores pueden aportar diferentes perspectivas e ideas al diseño y la aplicación de los sistemas de IA, ayudando a identificar y rectificar los sesgos antes de que se arraiguen en la tecnología. La transparencia y la responsabilidad son principios clave para abordar los sesgos y promover la diversidad en los sistemas de IA. Las organizaciones que desarrollan tecnologías de IA deben ser transparentes sobre los métodos y datos utilizados en sus modelos, permitiendo el escrutinio externo y la auditabilidad. Al hacer más transparentes los procesos de toma de decisiones de los sistemas de IA, resulta más fácil identificar y corregir los sesgos que puedan haberse incorporado inadvertidamente. Los mecanismos de rendición de cuentas, como las evaluaciones de impacto y los comités de supervisión, también pueden ayudar a garantizar que los sistemas de IA se utilizan de forma ética y de acuerdo con las normas legales y sociales. Fomentar una cultura de transparencia y responsabilidad dentro de la comunidad de la IA puede desempeñar un papel crucial en la creación de confianza y en la mitigación de los sesgos de estas tecnologías. Los programas continuos de educación y formación son vitales para abordar los prejuicios y promover la diversidad en los sistemas de IA. Al ofrecer oportunidades para que personas de diversos orígenes aprendan y trabajen en el campo de la IA, podemos cultivar una comunidad más inclusiva y representativa de investigadores y profesionales de la IA. Estos programas pueden ayudar a salvar la distancia entre los grupos infrarrepresentados y la industria tecnológica, fomentando una distribución más equitativa de las capacidades y las oportunidades. Promover las consideraciones éticas y la concienciación sobre los prejuicios en la educación sobre IA puede capacitar a las generaciones futuras para desarrollar tecnologías que sean justas, inclusivas y socialmente responsables. Invirtiendo en iniciativas de educación y formación, podemos abordar proactivamente los prejuicios y promover la diversidad en los sistemas de IA, sentando las bases para un futuro más equitativo e integrador.

IX. PERSPECTIVAS FUTURAS DEL DESARROLLO DE LA IA

Al considerar las perspectivas futuras del desarrollo de la IA, un aspecto clave que surge es la cuestión del control y la gobernanza. Con sistemas de IA avanzados que potencialmente superan las capacidades cognitivas humanas, la necesidad de marcos éticos y normativas sólidos se convierte en primordial. Sin unas directrices y una supervisión claras, los riesgos asociados a la toma de decisiones autónoma de la IA podrían tener consecuencias imprevistas. Garantizar que la IA se mantenga alineada con los valores y objetivos humanos será un reto importante tanto para los responsables políticos como para los tecnólogos. Establecer un marco que promueva el desarrollo y el despliegue responsables de la IA es crucial para navegar por las complejidades de este panorama tecnológico. Otra consideración crítica en la trayectoria del avance de la IA es el impacto sobre la mano de obra y la economía. A medida que las tecnologías de IA se vuelven más sofisticadas y capaces de realizar una amplia gama de tareas, crece la preocupación por el desplazamiento de la mano de obra humana. El potencial de desempleo masivo resultante de la automatización plantea importantes cuestiones sobre el futuro del trabajo y la redistribución de los recursos sociales. Abordar estos retos requerirá una planificación estratégica y la colaboración de múltiples sectores para mitigar las consecuencias negativas de la IA sobre el empleo, al tiempo que se aprovecha su potencial para crear nuevas oportunidades e impulsar el crecimiento económico. El futuro del desarrollo de la IA presenta tanto inmensas promesas como importantes retos para la sociedad. Aunque los avances tecnológicos de la IA tienen el potencial de revolucionar diversas industrias y mejorar nuestra calidad de vida, también plantean complejas cuestiones éticas, normativas y socioeconómicas que deben abordarse. Mientras nos encontramos al borde de la singularidad tecnológica, es esencial abordar la innovación de la IA con cautela y previsión, garantizando que los beneficios se distribuyan equitativamente y que la humanidad conserve la capacidad de decisión sobre los poderes transformadores de la inteligencia artificial. Sólo mediante esfuerzos reflexivos y de colaboración podremos navegar por las complejidades de un futuro en el que la IA desempeñe un papel cada vez más destacado en la configuración de nuestro mundo.

Posibles avances en la investigación de la IA

Un área prometedora de la investigación en IA gira en torno al desarrollo de la IA explicable, cuyo objetivo es mejorar la transparencia y la interpretabilidad de los modelos complejos de aprendizaje automático. Al proporcionar información sobre cómo toman decisiones los sistemas de IA, los investigadores pueden mejorar la confianza en estas tecnologías, allanando el camino para su adopción más amplia en diversos ámbitos. Mediante métodos como los mecanismos de atención y las herramientas de interpretabilidad, la IA explicable pretende salvar la distancia entre las capacidades de la IA y la comprensión humana, garantizando que los algoritmos no se perciban como cajas negras, sino como herramientas que pueden ser comprendidas y validadas tanto por expertos como por no expertos. Otro avance en la investigación de la IA se encuentra en el ámbito de las redes generativas adversariales (GAN), una arquitectura única que enfrenta a dos redes neuronales entre sí para generar datos de aspecto auténtico. Desde la creación de imágenes fotorrealistas hasta la composición musical, las GAN han demostrado un notable potencial en campos creativos, ampliando los límites de lo que la IA puede lograr más allá de las tareas tradicionales. Al permitir que la IA produzca contenidos originales y explore espacios creativos, las GAN abren nuevas vías para la innovación y la expresión artística, demostrando la versatilidad y adaptabilidad de la IA en diversos contextos. La integración de la IA con otras tecnologías emergentes, como la computación cuántica, es muy prometedora para acelerar el ritmo de la investigación y el desarrollo de la IA. La IA cuántica combina la potencia de las vastas capacidades de cálculo de la informática cuántica con algoritmos de IA para abordar problemas complejos con mayor eficacia. Aprovechando propiedades cuánticas como la superposición y el entrelazamiento, los investigadores pueden explorar nuevas fronteras en el aprendizaje automático y la optimización, impulsando avances en las capacidades de la IA que antes eran inimaginables. Esta convergencia de la tecnología cuántica y la IA anuncia una nueva era de innovación, con el potencial de desbloquear avances sin precedentes en el descubrimiento científico y el progreso tecnológico.

Integración de la IA con otras tecnologías emergentes

La integración de la IA con otras tecnologías emergentes, como el blockchain y la realidad virtual, tiene potencial para revolucionar diversos sectores. Combinando la IA con la cadena de bloques, las empresas pueden mejorar la seguridad, la transparencia y la eficacia de sus operaciones. Los contratos inteligentes impulsados por algoritmos de IA pueden agilizar los procesos y reducir la necesidad de intermediarios, aumentando la confianza entre las partes. La IA en aplicaciones de realidad virtual puede proporcionar experiencias personalizadas e inmersivas, impulsando la innovación en áreas como los juegos, las simulaciones de formación y las reuniones virtuales. La sinergia entre estas tecnologías abre nuevas posibilidades para que las empresas creen soluciones únicas que satisfagan las necesidades cambiantes de los clientes, manteniéndose por delante de la competencia. En el ámbito de la sanidad, la fusión de la IA con la biotecnología está abriendo vías sin precedentes para la medicina personalizada y el diagnóstico de enfermedades. Los algoritmos potenciados por la IA pueden analizar grandes cantidades de datos genómicos para identificar patrones y predecir respuestas individuales a los tratamientos. Esto tiene el potencial de revolucionar el campo al permitir planes de tratamiento a medida que maximicen la eficacia y minimicen los efectos secundarios. La integración de la IA con las tecnologías de telemedicina permite consultas a distancia, seguimiento en tiempo real y evaluaciones de salud personalizadas. A medida que estas tecnologías evolucionan y convergen, los profesionales sanitarios pueden ofrecer una atención más eficaz y accesible a los pacientes, mejorando en última instancia los resultados sanitarios y reduciendo los costes de la atención sanitaria. De cara al futuro, la convergencia de la IA con el Internet de las Cosas (IoT) es muy prometedora para las ciudades inteligentes y los ecosistemas conectados. Al integrar algoritmos de IA en dispositivos IoT, como sensores y electrodomésticos inteligentes, las ciudades pueden optimizar el uso de la energía, el flujo del tráfico y los sistemas de gestión de residuos. Esta red interconectada de dispositivos puede recoger datos en tiempo real, analizar patrones y tomar decisiones autónomas para mejorar la calidad de la vida urbana. La integración de la IA con los dispositivos IoT permite el mantenimiento predictivo, detectando los problemas antes de que se agraven y reduciendo el tiempo de inactividad. A medida que estas tecnologías se fusionan, el potencial de los entornos urbanos inteligentes, sostenibles y eficientes se hace cada vez más tangible, allanando el camino hacia un futuro más interconectado e inteligente.

Impacto a largo plazo de la IA en la sociedad y la humanidad

Una de las principales preocupaciones en torno al impacto a largo plazo de la IA en la sociedad y la humanidad es la posible perturbación que puede causar en diversos sectores. A medida que la IA sigue avanzando, crece el temor de que la automatización provoque la sustitución de los trabajadores humanos en todos los sectores. Esto podría provocar la pérdida generalizada de puestos de trabajo y la inestabilidad económica, planteando cuestiones sobre cómo se adaptará la sociedad a un futuro en el que los robots y los algoritmos asuman más tareas que actualmente realizan los humanos. Las implicaciones para la desigualdad de ingresos y los programas de bienestar social son significativas, lo que justifica una cuidadosa consideración y medidas proactivas para mitigar cualquier efecto negativo. La integración de la IA en la vida cotidiana plantea dilemas éticos que deben abordarse para garantizar la protección del bienestar y los derechos de las personas. Cuestiones como la privacidad de los datos, el sesgo algorítmico y el posible uso indebido de las tecnologías de IA subrayan la importancia de establecer directrices y normativas éticas claras. Sin una supervisión adecuada, existe el riesgo de que los sistemas de IA perpetúen la discriminación o vulneren las libertades personales, lo que pone de relieve la necesidad de marcos de gobernanza sólidos para salvaguardar contra tales resultados. Las implicaciones éticas de la IA van más allá de los derechos individuales, abarcando también valores y normas sociales más amplios que deben mantenerse ante el avance tecnológico. Además de los retos inmediatos que plantea la IA, existen también profundas cuestiones filosóficas sobre las implicaciones a largo plazo para la humanidad en su conjunto. A medida que los sistemas de IA se vuelven más sofisticados y autónomos, se vislumbra la posibilidad de un cambio en la dinámica de poder entre humanos y máquinas. La posibilidad de que la IA supere a la inteligencia humana suscita inquietudes sobre el control, la agencia e incluso la propia naturaleza de la conciencia. Explorar estas cuestiones existenciales es esencial para prepararse para un futuro en el que la IA puede desempeñar un papel cada vez más destacado en la configuración del curso de la sociedad y la humanidad. A medida que nos adentramos en el reino de la IA superior, es crucial entablar un discurso y una reflexión reflexivos sobre las implicaciones últimas para el futuro de nuestra especie.

X. CONSIDERACIONES ÉTICAS EN EL DESARROLLO DE LA IA

El desarrollo de la IA plantea profundas consideraciones éticas que no pueden pasarse por alto. A medida que los sistemas de IA se vuelven más autónomos y capaces de tomar decisiones complejas, las cuestiones de responsabilidad y transparencia pasan a primer plano. Garantizar que los algoritmos de IA sean justos, imparciales y no perpetúen estereotipos perjudiciales es crucial para promover el desarrollo ético de la IA. Las cuestiones relacionadas con la privacidad y la seguridad de los datos deben abordarse cuidadosamente para proteger la información personal de los individuos contra el uso indebido o la explotación. Al establecer directrices y normas éticas para el desarrollo de la IA, la sociedad puede mitigar los riesgos asociados a las tecnologías de IA y promover su uso responsable en beneficio de todos. Las consideraciones éticas en el desarrollo de la IA también se extienden al impacto potencial en la sociedad en su conjunto. El creciente despliegue de sistemas de IA en diversas industrias puede provocar el desplazamiento de puestos de trabajo y el aumento de las desigualdades socioeconómicas. Es esencial anticipar y abordar estos retos mediante marcos éticos reflexivos que den prioridad al bienestar de las personas y las comunidades. Garantizar que las tecnologías de IA se desarrollen y utilicen respetando los derechos humanos y la dignidad es esencial para protegerse de posibles abusos de poder y discriminación. Incorporando consideraciones éticas a los procesos de desarrollo de la IA, podemos esforzarnos por crear una sociedad más justa y equitativa que aproveche la IA para el bien común. A la luz de los rápidos avances de la tecnología de la

IA, es imperativo fomentar una cultura de responsabilidad y rendición de cuentas éticas para navegar por las complejidades de la IA superior. Educar al público sobre las implicaciones éticas de la IA y capacitar a las personas para que participen en los procesos de toma de decisiones éticas son pasos fundamentales para crear un ecosistema de IA más inclusivo y equitativo. La colaboración entre las partes interesadas interdisciplinarias, incluidos los tecnólogos, los responsables políticos y los especialistas en ética, es esencial para desarrollar directrices éticas integrales que reflejen diversas perspectivas y valores. Al abordar de forma proactiva las consideraciones éticas en el desarrollo de la IA, podemos dirigirnos hacia un futuro en el que la IA sirva como fuerza para un cambio social positivo, en lugar de exacerbar las desigualdades existentes o perpetuar el daño.

Sesgo e imparcialidad en los algoritmos de IA

Una de las principales preocupaciones en el desarrollo y despliegue de algoritmos de IA es la presencia de sesgos, que pueden dar lugar a resultados injustos. El sesgo puede introducirse en estos algoritmos por diversos medios, como datos de entrenamiento sesgados o el propio diseño del algoritmo. Si un sistema de IA se entrena con datos que representan de forma desproporcionada a un grupo demográfico frente a otro, puede tomar decisiones inexactas o injustas cuando se aplique en escenarios del mundo real. Este sesgo puede perpetuar e incluso exacerbar las desigualdades sociales existentes, lo que supone un reto importante para el objetivo de crear sistemas de IA justos y equitativos. Abordar el sesgo en los algoritmos de IA requiere un enfoque polifacético que implica una cuidadosa selección de datos, transparencia algorítmica y evaluación continua de los resultados. Tomando medidas para mitigar activamente el sesgo en el proceso de desarrollo, los desarrolladores pueden trabajar para crear sistemas de IA más justos y fiables. Esto puede implicar la incorporación de diversas perspectivas en las fases de diseño y prueba, así como la aplicación de herramientas de detección de sesgos para controlar y corregir cualquier sesgo involuntario que surja. Fomentando una cultura de equidad e inclusión en el desarrollo de la IA, las partes interesadas pueden avanzar hacia un despliegue más ético y responsable de las tecnologías de IA. Garantizar la imparcialidad en los algoritmos de IA es crucial no sólo para mantener las normas éticas, sino también para generar confianza entre los usuarios y las partes interesadas. La equidad promueve la responsabilidad y la fiabilidad de los sistemas de IA, que son esenciales para su adopción y aceptación generalizadas. Al dar prioridad a la equidad y la transparencia en el desarrollo de algoritmos, los desarrolladores pueden ayudar a mitigar los riesgos de consecuencias no deseadas y resultados discriminatorios. La búsqueda de algoritmos de IA justos es esencial para aprovechar todo el potencial de la IA para transformar las industrias y la sociedad en su conjunto.

Cuestiones de privacidad en la recogida de datos de IA

Dados los rápidos avances de las tecnologías de IA, la preocupación por la privacidad en torno a la recopilación de datos de IA se ha convertido en una cuestión importante en la sociedad actual. A medida que los sistemas de IA se integran en diversos aspectos de nuestras vidas, la cantidad de datos que se recogen y analizan crece exponencialmente. Esto plantea cuestiones sobre quién tiene acceso a estos datos, cómo se utilizan y las posibles implicaciones para la privacidad individual. Sin las salvaguardias adecuadas, existe el riesgo de que la información personal sensible se utilice indebidamente o se explote con fines comerciales sin el consentimiento de las personas implicadas. Una de las principales preocupaciones en torno a la recopilación de datos de IA es la falta de transparencia sobre cómo se recopilan y utilizan los datos. Muchos algoritmos de IA se basan en grandes conjuntos de datos para entrenarse y mejorar su rendimiento, a menudo sin proporcionar información clara a las personas sobre qué datos se recopilan, cómo se utilizan y quién tiene acceso a ellos. Esta falta de transparencia puede dar lugar a problemas de consentimiento y control sobre la información personal, planteando cuestiones éticas sobre el equilibrio entre la privacidad y los beneficios de las tecnologías de IA. A medida que la IA sigue evolucionando y arraigándose en nuestra vida cotidiana, es crucial que se establezcan medidas que garanticen la transparencia y la responsabilidad en las prácticas de recopilación de datos. La posibilidad de que los sistemas de IA vulneren los derechos individuales de privacidad es una preocupación acuciante que debe abordarse. Con la capacidad de analizar grandes cantidades de datos y hacer predicciones sobre el comportamiento humano, las tecnologías de IA tienen el poder de influir en decisiones que pueden tener profundas repercusiones en la vida de las personas. Esto plantea cuestiones importantes sobre la seguridad de los datos, su propiedad y la posibilidad de discriminación o sesgo en los algoritmos de IA. Para mitigar estos riesgos, es esencial que los responsables políticos, los desarrolladores y los usuarios trabajen juntos para establecer directrices y normativas claras que protejan la privacidad individual y, al mismo tiempo, fomenten la innovación en la tecnología de la IA. Si abordamos estos problemas de privacidad de forma proactiva, podremos garantizar que se aprovechan las ventajas de la IA, salvaguardando al mismo tiempo los derechos de privacidad de las personas.

Transparencia y responsabilidad en la toma de decisiones sobre IA

En el panorama en rápida evolución de la inteligencia artificial, las cuestiones de la transparencia y la responsabilidad en la toma de decisiones de la IA son cada vez más pertinentes. A medida que los sistemas de IA se hacen más complejos y autónomos, la necesidad de comprender claramente cómo se toman las decisiones y quién es responsable de ellas es primordial. Sin transparencia, los usuarios y las partes interesadas no conocen el razonamiento que subyace a las decisiones de la IA, lo que puede generar desconfianza y problemas éticos. Sin mecanismos de rendición de cuentas, existe el riesgo de que los sistemas de IA tomen decisiones sesgadas o perjudiciales, sin que los responsables de su diseño y despliegue sufran consecuencias. Un enfoque para abordar los retos de la transparencia y la rendición de cuentas en la toma de decisiones mediante IA es la implantación de sistemas de IA explicable (XAI). Estos sistemas están diseñados para proporcionar explicaciones legibles por humanos de las decisiones tomadas por los algoritmos de IA, permitiendo a los usuarios comprender el razonamiento que subyace a las recomendaciones o acciones adoptadas. Al hacer que los procesos de IA sean más transparentes e interpretables, la XAI puede ayudar a generar confianza en las tecnologías de IA y permitir una supervisión y responsabilidad efectivas. Establecer directrices y normativas claras para el desarrollo y el despliegue de la IA puede garantizar que los desarrolladores y las organizaciones se responsabilicen de las decisiones tomadas por los sistemas de IA. A medida que la sociedad avanza hacia un futuro en el que la IA desempeña un papel cada vez más central en los procesos de toma de decisiones, es crucial garantizar la transparencia y la responsabilidad en la toma de decisiones de la IA. Adoptando la XAI y aplicando marcos reguladores sólidos, podemos fomentar la confianza en las tecnologías de IA y mitigar los riesgos potenciales asociados a su uso. Promover la transparencia y la responsabilidad en la toma de decisiones sobre IA será esencial para dar forma a un futuro en el que la IA sirva al bien común y respete las normas éticas. Mientras nos encontramos al borde de la singularidad tecnológica, es imperativo que demos prioridad al desarrollo responsable de la IA para navegar con éxito por este panorama transformador.

XI. GOBERNANZA Y REGULACIÓN DE LA IA

La gobernanza y la regulación de la IA desempeñan un papel crucial en la configuración del desarrollo y el despliegue de las tecnologías avanzadas. A medida que la IA sigue evolucionando y demostrando capacidades cada vez mayores, se reconoce cada vez más la necesidad de establecer directrices y marcos claros para garantizar su uso responsable. Sin una gobernanza adecuada, los sistemas de IA podrían plantear riesgos significativos en términos de privacidad, seguridad y parcialidad. Mediante la aplicación de normativas que promuevan la transparencia, la responsabilidad y las normas éticas, es posible aprovechar el potencial de la IA minimizando al mismo tiempo los posibles efectos negativos. Las normativas pueden ayudar a generar confianza entre el público y mitigar la preocupación por el mal uso de las tecnologías de IA. Un aspecto clave de la gobernanza de la IA es el establecimiento de normas para la privacidad y la seguridad de los datos. Como los sistemas de IA dependen de grandes cantidades de datos para funcionar eficazmente, es necesario proteger la información sensible del acceso no autorizado o del uso indebido. Al definir directrices claras para la recopilación, el almacenamiento y el uso de los datos, las normativas pueden garantizar que se respete la privacidad personal y que los datos se manejen de forma segura y responsable. Las normativas pueden ayudar a abordar las preocupaciones sobre el sesgo algorítmico y la discriminación exigiendo transparencia en el desarrollo y despliegue de los sistemas de IA. Esto puede ayudar a evitar resultados sesgados y promover la justicia y la igualdad en los procesos de toma de decisiones.

Para gobernar eficazmente las tecnologías de IA, es esencial adoptar un enfoque multilateral que implique la colaboración entre los organismos gubernamentales, las partes interesadas de la industria y las organizaciones de la sociedad civil. Mediante la participación de un amplio abanico de perspectivas y conocimientos, se pueden diseñar normativas que aborden los complejos retos que plantea la IA de forma holística e integradora. El diálogo y la cooperación continuos entre las distintas partes interesadas pueden facilitar la adaptación de las normativas al panorama tecnológico en rápida evolución. De este modo, la gobernanza y la regulación de la IA pueden servir como herramienta clave para configurar el futuro de la IA de forma que beneficie a la sociedad en su conjunto.

Normas internacionales para el desarrollo de la IA

Otro aspecto crucial en el desarrollo de la IA es el establecimiento de normas internacionales. Con la creciente prevalencia de la IA en diversos sectores de todo el mundo, es imprescindible crear un conjunto de directrices que garanticen prácticas éticas y el despliegue responsable de estas tecnologías. Las normas internacionales servirían de marco que los desarrolladores y fabricantes deberían respetar, fomentando la transparencia y la responsabilidad en los sistemas de IA. Al disponer de normas universalmente aceptadas, los países pueden trabajar juntos para abordar los riesgos potenciales y garantizar que la IA se utiliza para mejorar la sociedad en su conjunto. Las normas internacionales para el desarrollo de la IA pueden ayudar a eliminar las disparidades entre las distintas regiones en cuanto a prácticas reguladoras. A medida que la IA se integra más en las industrias globales, disponer de directrices coherentes puede facilitar una colaboración más fluida y el intercambio de tecnología a través de las fronteras. Esta armonización de las normas también puede fomentar la innovación al proporcionar igualdad de condiciones para los desarrolladores de distintos países, lo que conduce a un ecosistema de IA más competitivo y dinámico. Las normas internacionales pueden contribuir al crecimiento y avance de la tecnología de la IA a escala mundial, fomentando una comunidad internacional más cohesionada y cooperativa. Las normas internacionales pueden desempeñar un papel fundamental a la hora de abordar las consideraciones éticas que surgen con el avance de la inteligencia artificial. Al establecer directrices para el desarrollo y el uso éticos de la IA, los países pueden garantizar que estas tecnologías den prioridad al bienestar humano y respeten los derechos fundamentales. Este marco ético puede ayudar a mitigar las preocupaciones relacionadas con la privacidad, los prejuicios y la discriminación en los sistemas de IA, fomentando la confianza y la aceptación entre los usuarios y las partes interesadas. Mediante un esfuerzo concertado para defender las normas éticas, la comunidad internacional puede configurar el futuro del desarrollo de la IA de forma que se ajuste a los valores y expectativas de la sociedad.

Marcos jurídicos para la responsabilidad y la rendición de cuentas en materia de IA

De cara al futuro, los marcos jurídicos de la responsabilidad y la rendición de cuentas en materia de IA son aspectos cruciales que deben considerarse cuidadosamente a medida que avanzamos hacia mayores capacidades de IA. El panorama jurídico actual en torno a la IA es complejo y ambiguo, lo que plantea dificultades a la hora de determinar la responsabilidad en casos de fallos o errores de la IA. Establecer directrices claras sobre quién es responsable cuando los sistemas de IA toman decisiones críticas es esencial para garantizar la responsabilidad y proteger a las personas de posibles daños. A medida que las tecnologías de IA siguen evolucionando, es imperativo que los reguladores se adapten y desarrollen marcos integrales que aborden los retos únicos que plantean los sistemas autónomos. Abordar la responsabilidad de la IA no es simplemente una cuestión de asignar culpas, sino que también implica comprender las implicaciones éticas de la toma de decisiones de la IA. Los marcos jurídicos deben diseñarse para defender las normas éticas y promover la transparencia en el desarrollo y despliegue de los sistemas de IA. Esto requiere un esfuerzo de colaboración entre los responsables políticos, los investigadores, los desarrolladores de tecnología y otras partes interesadas para establecer un conjunto de principios éticos que guíen las aplicaciones de la IA de forma responsable. Al incorporar consideraciones éticas a los marcos jurídicos, podemos crear un entorno más equitativo y digno de confianza para la integración de las tecnologías de IA en la sociedad. Navegar por las complejidades de la responsabilidad de la IA requiere un enfoque multidimensional que tenga en cuenta las implicaciones jurídicas, éticas y sociales. A medida que nos encontramos al borde de mayores capacidades de IA, es esencial abordar proactivamente estos retos para garantizar que los sistemas de IA se alinean con los valores y prioridades humanos. Fomentando la colaboración entre expertos de diversos campos y desarrollando marcos jurídicos adaptables, podemos allanar el camino hacia un futuro en el que las tecnologías de IA mejoren las capacidades humanas, respetando al mismo tiempo las normas éticas y la responsabilidad. Sólo mediante una consideración cuidadosa y medidas proactivas podremos aprovechar todo el potencial de la IA para mejorar la sociedad.

Mecanismos de supervisión del despliegue de la IA

A pesar de los beneficios potenciales del despliegue de la IA, se ha expresado preocupación por la falta de mecanismos de supervisión suficientes para regular su uso. Un aspecto clave de la supervisión es el establecimiento de directrices éticas claras que rijan el desarrollo y el despliegue de las tecnologías de IA. Estas directrices pueden ayudar a garantizar que los sistemas de IA se diseñen y utilicen de forma que se ajusten a los valores sociales y respeten los derechos humanos fundamentales. Al crear un marco de principios éticos, los responsables políticos pueden ayudar a promover la transparencia, la responsabilidad y la equidad en las aplicaciones de la IA. Los mecanismos de supervisión deben incluir marcos normativos sólidos que rijan las pruebas, la validación y el despliegue de los sistemas de IA en diversos sectores. Estas normativas pueden ayudar a mitigar los riesgos asociados a las tecnologías de IA, como la parcialidad, la discriminación y las violaciones de la privacidad. Mediante la aplicación de normas y directrices para el desarrollo de la IA, los gobiernos pueden crear condiciones equitativas para las empresas y los investigadores, salvaguardando al mismo tiempo los intereses de los usuarios y del público en general. La supervisión reguladora puede ayudar a abordar posibles dilemas éticos y garantizar que la IA se utilice de forma responsable y ética. Además de los principios éticos y los marcos normativos, los mecanismos de supervisión del despliegue de la IA también deben incluir mecanismos de control, evaluación y auditoría continuos de los sistemas de IA en entornos reales. Esto puede ayudar a identificar y abordar posibles problemas o consecuencias imprevistas que puedan surgir del uso de las tecnologías de IA. Al realizar auditorías y revisiones periódicas de los sistemas de IA, las partes interesadas pueden garantizar que estas tecnologías se utilizan de forma segura, transparente y responsable. Unos mecanismos de supervisión exhaustivos son esenciales para garantizar el despliegue responsable y ético de la IA en la sociedad.

XII. IA EN INDUSTRIAS CREATIVAS

Otra industria que se ha visto muy afectada por el auge de la IA es el sector creativo. La IA está revolucionando la forma de producir contenido creativo, desde generar música y escribir artículos hasta diseñar arte visual. Se están utilizando algoritmos de aprendizaje automático para analizar patrones en obras existentes y crear nuevas piezas con una intervención humana mínima. Esto ha llevado a una democratización de la creatividad, permitiendo a personas sin formación formal acceder a herramientas que pueden ayudarles a producir contenidos de alta calidad. Esto también plantea dudas sobre la originalidad de las obras generadas por IA y el papel de los artistas humanos en un mundo dominado por el arte generado por máquinas. La IA tiene el potencial de mejorar el proceso creativo proporcionando a los artistas nuevas herramientas y recursos para explorar su creatividad. Los algoritmos de IA pueden analizar grandes conjuntos de datos de música, literatura y arte visual para identificar tendencias y patrones que puedan inspirar nuevas obras. Esto puede ser especialmente útil para los artistas que buscan inspiración o luchan contra el bloqueo creativo. La IA puede automatizar tareas repetitivas, permitiendo a los artistas centrarse en aspectos más complejos de su trabajo. Existen preocupaciones válidas sobre el impacto de la IA en la autenticidad y originalidad de la expresión artística. ¿Puede una obra creada por una máquina evocar realmente la misma respuesta emocional que una creada por un artista humano? Estas preguntas ponen de relieve los dilemas éticos y las implicaciones filosóficas de integrar la IA en el proceso creativo. A pesar de los beneficios potenciales de la IA en las industrias creativas, también existen riesgos y retos importantes que hay que abordar. Una preocupación importante es la posible pérdida de diversidad artística y riqueza cultural si los algoritmos de IA empiezan a dictar tendencias y estilos en los contenidos creativos. Hay cuestiones sin resolver en torno a los derechos de autor y la propiedad de las obras generadas por IA, lo que plantea interrogantes sobre quién debe ser acreditado como creador de esos contenidos. A medida que la IA sigue avanzando, es crucial que los responsables políticos, los artistas y los tecnólogos trabajen juntos para establecer directrices claras y marcos éticos que rijan el uso de la IA en las industrias creativas, garantizando que la creatividad humana siga estando a la vanguardia de la expresión artística.

Arte y música generados por IA

El arte y la música generados por IA son campos florecientes que muestran el potencial creativo de la inteligencia artificial. Mediante complejos algoritmos y análisis de datos, los sistemas de IA pueden producir ahora obras de arte visual y composiciones musicales que imitan la creatividad humana. Esto ha suscitado un debate sobre la naturaleza del arte y el papel del artista en un mundo en el que las máquinas pueden generar piezas originales. Mientras algunos sostienen que el arte generado por la IA carece de la profundidad emocional y la intencionalidad de las creaciones humanas, otros lo ven como una nueva forma de expresión artística que amplía los límites de las formas artísticas tradicionales. La capacidad de la IA para crear arte y música plantea cuestiones sobre la naturaleza de la creatividad y la esencia de lo que significa ser humano. ¿Puede una máquina reproducir realmente las complejas emociones y experiencias que inspiran a los artistas a crear? Aunque las obras generadas por la IA pueden carecer del toque personal y la perspectiva única de un artista humano, ofrecen una nueva lente a través de la cual explorar el proceso creativo. Al aprender de vastas bases de datos de obras existentes, los sistemas de IA pueden generar composiciones innovadoras e inesperadas que desafían nuestras ideas preconcebidas sobre lo que pueden ser el arte y la música. A medida que la IA siga avanzando, la línea entre la creatividad humana y la de las máquinas puede hacerse cada vez más difusa. La colaboración entre artistas y sistemas de IA podría dar lugar a innovaciones revolucionarias en las artes, ampliando los límites de lo posible. Al aprovechar el poder computacional de la IA para aumentar la creatividad humana, podríamos asistir a un renacimiento del arte y la música que trascienda las limitaciones tradicionales. La aparición del arte y la música generados por IA nos invita a reflexionar sobre la verdadera naturaleza de la creatividad y las infinitas posibilidades que surgen de la intersección de la tecnología y la imaginación.

Impacto de la IA en la creación de contenidos

En el ámbito de la creación de contenidos, la IA está revolucionando la forma en que generamos y consumimos información. Las herramientas potenciadas por la IA, como los algoritmos de procesamiento del lenguaje natural y el análisis avanzado de datos, están permitiendo a los creadores de contenidos agilizar sus procesos y producir materiales de alta calidad de forma más eficiente. La IA puede analizar los datos de los usuarios para adaptar el contenido a audiencias específicas, mejorando el compromiso e impulsando las conversiones. Al aprovechar el poder de la IA, los creadores de contenidos pueden adelantarse a las tendencias, predecir las preferencias de los usuarios y ofrecer experiencias personalizadas que resuenen con los consumidores a un nivel más profundo. La IA tiene el potencial de mejorar la creatividad en la creación de contenidos, ofreciendo soluciones innovadoras y generando ideas nuevas. Mediante algoritmos de aprendizaje automático, la IA puede examinar grandes cantidades de datos para identificar patrones y perspectivas que los humanos podrían pasar por alto. La IA puede ayudar en el proceso creativo proporcionando sugerencias sobre la estructura, el tono y el estilo de los contenidos, ayudando a los creadores de contenidos a perfeccionar su trabajo y llegar a un público más amplio. Al colaborar con la IA, los creadores de contenidos pueden explorar nuevas vías, experimentar con distintos formatos y ampliar los límites de la narración de formas antes inimaginables. Aunque la IA aporta oportunidades sin precedentes a la creación de contenidos, también suscita preocupaciones sobre la autenticidad y la responsabilidad. A medida que las herramientas de IA se vuelven más sofisticadas, existe el riesgo de que los creadores de contenidos confíen demasiado en las soluciones automatizadas, comprometiendo la integridad y originalidad de su trabajo. Hay implicaciones éticas en torno al uso de la IA en la creación de contenidos, como garantizar la transparencia en los contenidos generados por IA para evitar la desinformación y la manipulación. Mientras navegamos por el panorama en evolución de la IA en la creación de contenidos, es esencial encontrar un equilibrio entre el aprovechamiento de la tecnología para mejorar la creatividad y la defensa de las normas éticas para mantener la confianza y la credibilidad ante el público.

Cuestiones de derechos de autor y propiedad intelectual en las obras generadas por IA

En el ámbito de las obras generadas por IA, las cuestiones de derechos de autor y propiedad intelectual plantean retos complejos que requieren una cuidadosa consideración. A medida que los sistemas de IA se vuelven más avanzados y capaces de producir contenidos creativos, surgen preguntas sobre quién debe poseer los derechos de estas obras. A diferencia de los creadores humanos, la IA no puede considerarse un autor en el sentido tradicional, lo que genera ambigüedad a la hora de asignar la propiedad. Los marcos jurídicos tendrán que adaptarse para abordar esta laguna, determinando si la propiedad corresponde a los programadores, a los usuarios o a la propia IA. Aclarar estas cuestiones es esencial para proteger los intereses de los creadores, fomentar la innovación y evitar disputas sobre los derechos de propiedad. La aparición de obras generadas por IA difumina la línea que separa la originalidad de la automatización, lo que suscita preocupación por el plagio y la posibilidad de que se generalice el uso no autorizado de contenidos. Sin unas directrices claras sobre cómo atribuir la autoría en las obras generadas por IA, se corre el riesgo de devaluar las contribuciones creativas de los creadores humanos y socavar la integridad de los derechos de propiedad intelectual. Establecer mecanismos sólidos para identificar y proteger los contenidos generados por IA es crucial para mantener la credibilidad y la integridad de las industrias creativas. Al garantizar la atribución y el reconocimiento adecuados de las contribuciones tanto humanas como de la IA, el panorama de la propiedad intelectual puede evolucionar para adaptarse a las complejidades de la tecnología moderna. El rápido ritmo de avance tecnológico de la IA plantea retos para las leyes de derechos de autor y los mecanismos de aplicación existentes. A medida que la IA sigue evolucionando y generando obras cada vez más sofisticadas, puede ser necesario redefinir los conceptos tradicionales de originalidad y autoría para reflejar la naturaleza colaborativa de las interacciones entre humanos e IA. En este panorama en evolución, es imperativo que los responsables políticos, los expertos jurídicos y las partes interesadas del sector entablen un diálogo proactivo y desarrollen marcos flexibles que equilibren los intereses de todas las partes implicadas. Fomentando una relación armoniosa entre la creatividad, la innovación y la protección jurídica, la sociedad puede navegar por las complejidades de las obras generadas por la IA al tiempo que defiende los principios de los derechos de propiedad intelectual.

XIII. IA EN SOSTENIBILIDAD MEDIOAMBIENTAL

En el ámbito de la sostenibilidad medioambiental, la IA es muy prometedora para abordar los acuciantes retos ecológicos. Las tecnologías de IA pueden analizar grandes cantidades de datos para optimizar la gestión de los recursos, mejorar la eficiencia energética y minimizar los residuos. Los sensores y algoritmos potenciados por la IA pueden controlar los ecosistemas en tiempo real, ofreciendo valiosas perspectivas sobre la conservación de la biodiversidad y la mitigación del cambio climático. Aprovechando las capacidades predictivas de la IA, las organizaciones pueden desarrollar estrategias más eficaces para el desarrollo sostenible, lo que conduce a mejores resultados medioambientales. La IA desempeña un papel crucial en la revolución de la producción y distribución de energías renovables. Desde la optimización de la colocación de los paneles solares hasta la predicción de los patrones del viento para una generación de energía más eficiente, la IA ofrece soluciones innovadoras para la transición hacia una economía más ecológica. Integrando la IA en las redes inteligentes, los sistemas energéticos pueden optimizarse para reducir las emisiones de carbono y mejorar la eficiencia general. Estos avances allanan el camino hacia un futuro más sostenible, en el que las fuentes de energía renovables puedan satisfacer la creciente demanda mundial minimizando el impacto medioambiental. La IA puede ayudar a controlar y gestionar las catástrofes naturales, como huracanes, incendios forestales e inundaciones, analizando patrones y prediciendo riesgos potenciales. Mediante modelos basados en IA, los equipos de respuesta a emergencias pueden prepararse y responder mejor a las crisis medioambientales, salvando vidas y reduciendo los daños a los ecosistemas. Utilizando las tecnologías de IA en la gestión de catástrofes, la sociedad puede aumentar su resiliencia ante los fenómenos relacionados con el cambio climático, contribuyendo en última instancia a un futuro más sostenible y seguro para las generaciones venideras.

Aplicaciones de la IA en la investigación sobre el cambio climático

En el ámbito de la investigación sobre el cambio climático, las aplicaciones de la IA están demostrando ser inestimables para comprender y mitigar los efectos del calentamiento global. Un área clave en la que la IA está teniendo un impacto significativo es en la modelización del clima. Al procesar grandes cantidades de datos procedentes de satélites, sensores y modelos climáticos, los algoritmos de IA pueden generar predicciones más precisas de los patrones climáticos futuros. Esta capacidad permite a los científicos prever mejor los fenómenos meteorológicos extremos, la subida del nivel del mar y otras consecuencias del cambio climático, lo que conduce a estrategias más eficaces de adaptación y resistencia. La IA se está utilizando para analizar los datos climáticos de formas que antes eran imposibles. Los algoritmos de aprendizaje automático pueden detectar patrones y tendencias sutiles en grandes conjuntos de datos, descubriendo correlaciones y perspectivas que los investigadores humanos podrían pasar por alto. Este análisis mejorado de los datos es esencial para identificar las causas profundas del cambio climático, evaluar la eficacia de las medidas de mitigación y desarrollar soluciones innovadoras para los complejos retos medioambientales. Aprovechando el poder de la IA, los investigadores pueden acelerar el ritmo de los descubrimientos científicos e impulsar una toma de decisiones más informada en la lucha contra el cambio climático. Las tecnologías de IA están facilitando el seguimiento y la vigilancia de los cambios medioambientales a escala mundial. Desde el seguimiento de la deforestación en la selva amazónica hasta la vigilancia de las emisiones de carbono de fuentes industriales, los sistemas impulsados por la IA están permitiendo una vigilancia más eficaz y precisa de los indicadores medioambientales clave. Esta capacidad de seguimiento en tiempo real permite a los responsables políticos responder con mayor rapidez a las amenazas emergentes para el medio ambiente, posibilitando un enfoque más proactivo de las prácticas de conservación y gestión sostenible. Aprovechando las herramientas de IA en la investigación del cambio climático, podemos mejorar nuestra comprensión de los procesos medioambientales, mejorar la precisión de los modelos climáticos y, en última instancia, trabajar por un futuro más sostenible para nuestro planeta.

Soluciones de IA para la gestión sostenible de los recursos

Las soluciones de IA para la gestión sostenible de los recursos pueden revolucionar nuestra forma de abordar los retos medioambientales. Utilizando algoritmos de IA para analizar datos, optimizar procesos y predecir tendencias futuras, las organizaciones pueden tomar decisiones más informadas que conduzcan a una mejor gestión de los recursos. La IA puede aplicarse a los sistemas energéticos para aumentar la eficiencia, reducir los residuos y promover las fuentes renovables. Al automatizar tareas que llevarían mucho tiempo y serían propensas al error humano, la IA puede ayudar a racionalizar las operaciones y minimizar el impacto medioambiental. Este planteamiento no sólo puede beneficiar a las empresas reduciendo costes, sino también contribuir a un futuro más sostenible para nuestro planeta. La IA puede ser decisiva para controlar y gestionar recursos naturales como el agua, los bosques y la vida salvaje. Mediante tecnologías de teledetección y análisis de datos, la IA puede proporcionar información en tiempo real sobre los ecosistemas, lo que permite realizar esfuerzos proactivos de conservación e intervenir con prontitud en caso de amenazas. Al incorporar la IA a las estrategias de gestión de los recursos, los gobiernos y las organizaciones conservacionistas pueden mejorar su capacidad para proteger la biodiversidad, mitigar los efectos del cambio climático y promover prácticas sostenibles. Este enfoque proactivo puede conducir a una asignación más eficaz de los recursos, garantizando la salud a largo plazo de nuestros ecosistemas y el bienestar de las generaciones futuras. Además de las aplicaciones medioambientales, la IA también puede desempeñar un papel crucial en la optimización de las cadenas de suministro y la reducción de los residuos en diversas industrias. Utilizando análisis predictivos y algoritmos de aprendizaje automático, las empresas pueden anticiparse a la demanda, optimizar los programas de producción y minimizar los niveles de inventario. Esto no sólo mejora la eficiencia y reduce los costes, sino que también tiene un impacto positivo en el medio ambiente al reducir las emisiones de carbono y el consumo de recursos. Las soluciones impulsadas por la IA para la gestión de la cadena de suministro pueden promover los principios de la economía circular, fomentando la reutilización y el reciclaje de materiales para crear un sistema más sostenible y eficiente. La IA tiene el potencial de revolucionar la forma en que gestionamos los recursos, fomentando la sostenibilidad y la administración responsable de nuestro planeta.

Consideraciones éticas en el uso de la IA para la conservación del medio ambiente

En el ámbito de la conservación del medio ambiente, las consideraciones éticas desempeñan un papel crucial en la integración de las tecnologías de IA. Cuando se utiliza la IA con fines de conservación, es esencial asegurarse de que los datos que se recogen y analizan se hacen de forma ética. Esto incluye respetar la privacidad y los derechos de las personas cuya información pueda estar implicada en el proceso. Es necesario considerar cómo se están entrenando los algoritmos de IA y si se están incorporando inadvertidamente sesgos a los sistemas. Deben establecerse directrices éticas que rijan el uso de la IA en los esfuerzos de conservación, evitando cualquier impacto negativo sobre el medio ambiente o las comunidades locales. La transparencia en el proceso de toma de decisiones es esencial cuando se emplea la IA para la conservación del medio ambiente. Los algoritmos utilizados en los sistemas de IA deben ser abiertos y comprensibles, permitiendo el escrutinio y la rendición de cuentas. Esta transparencia ayuda a generar confianza entre las partes interesadas y garantiza que los resultados de las aplicaciones de IA sean justos e imparciales. Comprometerse con las comunidades locales e incorporar sus aportaciones al desarrollo y la aplicación de las tecnologías de IA puede conducir a prácticas de conservación más eficaces y sostenibles. Al implicar diversas perspectivas, los riesgos y beneficios potenciales del uso de la IA en la conservación pueden evaluarse y abordarse más a fondo. A la hora de configurar el futuro de la IA en la conservación del medio ambiente, un enfoque interdisciplinar es clave para sortear los retos éticos y garantizar un uso responsable de la tecnología. La colaboración entre conservacionistas, tecnólogos, responsables políticos y especialistas en ética es crucial para desarrollar marcos que den prioridad al bienestar de los ecosistemas y las comunidades. Fomentando el diálogo entre estas diversas partes interesadas, podemos trabajar para aprovechar el poder de la IA para impulsar un cambio positivo en los esfuerzos de conservación, respetando al mismo tiempo las normas éticas. Integrando consideraciones éticas en el despliegue de las tecnologías de IA, podemos luchar por una coexistencia armoniosa entre la IA y el mundo natural.

XIV. IA EN GOBERNANZA Y POLÍTICAS PÚBLICAS

La integración de la IA en la gobernanza y las políticas públicas está remodelando los modelos tradicionales de toma de decisiones y asignación de recursos. Los gobiernos recurren cada vez más a los sistemas de IA para analizar grandes cantidades de datos y predecir tendencias que puedan informar el desarrollo de políticas. Aprovechando los algoritmos de aprendizaje automático, los responsables políticos pueden tomar decisiones más informadas y basadas en datos, lo que conduce a una mayor eficiencia y eficacia de los servicios públicos. La IA puede utilizarse para optimizar los sistemas de transporte, la prestación de asistencia sanitaria y los protocolos de respuesta a emergencias, mejorando en última instancia la calidad de vida de los ciudadanos. La IA tiene el potencial de aumentar la transparencia y la responsabilidad en la gobernanza, proporcionando información en tiempo real sobre el impacto de las políticas y los programas. Mediante análisis avanzados, los gobiernos pueden hacer un seguimiento de los resultados de sus iniciativas y ajustar las estrategias en consecuencia para lograr mejores resultados. Este enfoque basado en los datos también puede ayudar a identificar y abordar las disparidades en la prestación de servicios, garantizando que los recursos se asignen equitativamente. Aprovechando el poder de la IA, los gobiernos pueden responder mejor a las necesidades de sus electores y fomentar un sector público más integrador y receptivo. La adopción de la IA en la gobernanza plantea importantes consideraciones éticas y normativas que deben abordarse cuidadosamente. A medida que los sistemas de IA se hacen más autónomos y los procesos de toma de decisiones se delegan en los algoritmos, surgen cuestiones relativas a la responsabilidad, la parcialidad y la protección de la privacidad. Es crucial que los responsables políticos establezcan directrices y salvaguardias claras para garantizar que las tecnologías de IA se desplieguen de forma responsable y transparente. Fomentando la colaboración entre responsables políticos, tecnólogos y especialistas en ética, los gobiernos pueden aprovechar todo el potencial de la IA, al tiempo que mitigan los riesgos asociados a su aplicación en las políticas públicas.

La IA en los procesos de toma de decisiones

Una preocupación que rodea a la integración de la IA en los procesos de toma de decisiones es el potencial de sesgo. Los algoritmos de aprendizaje automático, cuando se entrenan con datos sesgados, pueden perpetuar e incluso exacerbar las desigualdades sociales existentes. En los procesos de contratación, la IA puede discriminar inadvertidamente a determinados grupos demográficos basándose en patrones anteriores de los datos que se le han proporcionado. Esto plantea problemas éticos sobre la justicia y la transparencia de las decisiones basadas en la IA. Sin una supervisión y regulación adecuadas, los sistemas de IA podrían reforzar inadvertidamente prejuicios perjudiciales, lo que tendría consecuencias imprevistas para las personas y la sociedad en su conjunto. La dependencia de la IA en los procesos de toma de decisiones plantea la cuestión de la responsabilidad. Cuando una máquina toma una decisión, ¿quién es el responsable último del resultado? En los casos de error o daño causados por decisiones impulsadas por la IA, la determinación de la responsabilidad se convierte en una cuestión compleja. Esta falta de claridad suscita preocupación por las implicaciones éticas de delegar decisiones cruciales en las máquinas. A medida que la IA se integre más en diversos aspectos de la sociedad, será esencial establecer líneas claras de responsabilidad y rendición de cuentas para garantizar que se aborden adecuadamente las implicaciones éticas y jurídicas de las decisiones impulsadas por la IA. A la luz de estos retos, es crucial considerar el papel de la supervisión humana en los procesos de toma de decisiones de la IA. Aunque los sistemas de IA pueden procesar grandes cantidades de datos a velocidades increíbles, el juicio humano y el razonamiento moral siguen siendo componentes esenciales de una toma de decisiones eficaz. Integrar la supervisión humana en los sistemas de IA puede ayudar a mitigar los riesgos de parcialidad, aumentar la transparencia y garantizar que se tienen en cuenta las consideraciones éticas. Fomentando la colaboración entre las tecnologías de IA y la inteligencia humana, es posible aprovechar las ventajas de la IA y, al mismo tiempo, mantener las normas éticas y promover la toma de decisiones responsable en un mundo cada vez más automatizado.

Implicaciones éticas de la IA en la administración pública

Las implicaciones éticas de la IA en la administración pública son significativas debido al impacto potencial en la gobernanza, los procesos de toma de decisiones y la rendición de cuentas. A medida que los sistemas de IA se integran en los organismos gubernamentales para agilizar las operaciones y mejorar la eficiencia, surgen preguntas sobre la transparencia y la imparcialidad de estos sistemas. Existe la preocupación de que los algoritmos de IA puedan perpetuar inadvertidamente los prejuicios o la discriminación, dando lugar a resultados injustos en la política pública. El uso de la IA en la administración pública suscita preocupación por la privacidad y la seguridad de los datos, ya que la información sensible recopilada por estos sistemas podría correr riesgo de uso indebido o acceso no autorizado. La aplicación de la IA en la administración pública también plantea retos en términos de rendición de cuentas y responsabilidad. ¿Quién tendría que rendir cuentas si un sistema de IA toma una decisión que perjudica a las personas o a las comunidades? La falta de un marco claro para asignar responsabilidades en los procesos de toma de decisiones impulsados por la IA plantea cuestiones de responsabilidad jurídica y ética. La posibilidad de que la IA supere a los decisores humanos en determinadas tareas puede reducir el papel de los funcionarios públicos, lo que suscita preocupación por la delegación de poder en entidades no humanas. Estos dilemas éticos ponen de manifiesto la necesidad de estructuras de gobierno sólidas y directrices éticas que garanticen que la IA en la administración pública se ajusta a los principios y valores democráticos. Navegar por las implicaciones éticas de la IA en la administración pública requiere un delicado equilibrio entre el avance tecnológico y las consideraciones éticas. A medida que la IA sigue impregnando los sistemas y procesos gubernamentales, es esencial dar prioridad a la transparencia, la responsabilidad y la equidad en el despliegue de estas tecnologías. Mediante el desarrollo de directrices claras para el uso ético de la IA en la administración pública, los responsables políticos pueden mitigar los riesgos potenciales y promover la adopción responsable de la IA en beneficio de toda la sociedad. Abordar los retos éticos de la IA en la administración pública requiere un esfuerzo de colaboración entre funcionarios, tecnólogos, especialistas en ética y el público para garantizar que estas tecnologías sirvan al bien común.

Participación ciudadana y transparencia en la gobernanza impulsada por la IA

En el ámbito de la gobernanza impulsada por la IA, la participación ciudadana y la transparencia desempeñan un papel crucial para garantizar la rendición de cuentas y la toma de decisiones éticas. A medida que la IA se integra cada vez más en los procesos gubernamentales, es esencial que los ciudadanos comprendan claramente cómo se utilizan estas tecnologías y cómo pueden afectar a sus vidas. Al fomentar canales de comunicación abiertos entre las entidades gubernamentales, los desarrolladores de IA y el público, la transparencia puede ayudar a generar confianza y garantizar que los algoritmos que impulsan la gobernanza son justos e imparciales. La participación ciudadana en el diseño y la aplicación de los sistemas de IA puede ayudar a abordar las preocupaciones sobre la privacidad, la parcialidad y las consecuencias imprevistas, lo que en última instancia conduce a una gobernanza más inclusiva y receptiva. Uno de los principales retos de la gobernanza impulsada por la IA es la posibilidad de que los procesos de toma de decisiones se vuelvan opacos e inaccesibles para el ciudadano medio. Sin transparencia, existe el riesgo de que los sistemas impulsados por la IA perpetúen o incluso exacerben las desigualdades y los prejuicios existentes, provocando consecuencias imprevistas para las comunidades marginadas. Para abordar este reto, los gobiernos deben dar prioridad a medidas de transparencia como la IA explicable, las auditorías algorítmicas y las consultas públicas para garantizar que los procesos de toma de decisiones que subyacen a las tecnologías de IA sean comprensibles y responsables. Al implicar a los ciudadanos en los debates sobre las implicaciones éticas de la gobernanza impulsada por la IA, los gobiernos pueden trabajar para construir una sociedad más justa y equitativa. En la búsqueda de una participación ciudadana eficaz y de la transparencia en la gobernanza impulsada por la IA, es esencial la colaboración entre los responsables políticos, los tecnólogos y la sociedad civil. Mediante la creación de foros de múltiples partes interesadas en los que se puedan escuchar y debatir diferentes perspectivas, los responsables políticos pueden desarrollar políticas que reflejen una amplia gama de preocupaciones y consideraciones. Las campañas de educación pública pueden ayudar a aumentar la concienciación sobre las capacidades y limitaciones de las tecnologías de IA, capacitando a los ciudadanos para participar de forma significativa en los debates sobre su uso en la gobernanza. Al dar prioridad a la participación ciudadana y a la transparencia en la gobernanza impulsada por la IA, las sociedades pueden aprovechar el potencial de la IA al tiempo que defienden los valores democráticos y garantizan que los beneficios de estas tecnologías se distribuyan equitativamente.

XV. IA Y DERECHOS HUMANOS

En el ámbito de la inteligencia artificial, la preocupación por los derechos humanos es cada vez mayor a medida que la tecnología avanza a un ritmo acelerado. Una cuestión clave es la posibilidad de que los sistemas de IA vulneren el derecho a la intimidad, a medida que la recopilación de datos se hace más generalizada y sofisticada. Las tecnologías de reconocimiento facial pueden seguir los movimientos de las personas sin su consentimiento, lo que plantea interrogantes sobre la vigilancia y la libertad personal. El uso de la IA en los procesos de toma de decisiones, como en el sistema de justicia penal o en las prácticas de contratación, ha suscitado debates sobre la parcialidad y la discriminación. Estas preocupaciones ponen de relieve la necesidad de directrices y normativas claras para proteger los derechos de las personas en la era de la IA. La intersección de la IA y los derechos humanos se extiende a cuestiones de transparencia y responsabilidad. A medida que los algoritmos de IA se hacen más complejos y opacos, puede resultar difícil comprender cómo se toman las decisiones y hacer que las partes responsables rindan cuentas de sus resultados. En casos de sesgo o errores algorítmicos, puede resultar difícil identificar las causas profundas y rectificar la situación. Esta falta de transparencia puede socavar la confianza en los sistemas de IA y suscitar inquietudes sobre la imparcialidad y la justicia. Existe una necesidad crítica de requisitos de transparencia y mecanismos de auditoría y supervisión para garantizar que los sistemas de IA funcionan de forma ética y responsable. El uso de la IA en la vigilancia y el control social plantea profundas cuestiones éticas sobre la autonomía y la libertad de expresión. En los regímenes autoritarios, las tecnologías impulsadas por la IA se emplean para vigilar y reprimir la disidencia, lo que da lugar a una censura generalizada y a violaciones de los derechos humanos. En las sociedades democráticas, surgen preocupaciones similares sobre el potencial de la IA para manipular el discurso público y vulnerar las libertades civiles. Para hacer frente a estos retos, debe establecerse un marco sólido de principios y directrices de derechos humanos que guíe el desarrollo y despliegue de las tecnologías de IA. Defendiendo los derechos y valores fundamentales, la sociedad puede garantizar que la IA sirva a la humanidad de forma ética, justa y conducente al bien común.

La IA en la vigilancia y el derecho a la intimidad

La integración de la IA en los sistemas de vigilancia suscita preocupación por el derecho a la intimidad. El uso generalizado de la tecnología de reconocimiento facial basada en IA, por ejemplo, ha suscitado debates sobre el equilibrio entre las medidas de seguridad y las libertades individuales. Los críticos sostienen que la vigilancia constante por parte de los sistemas de IA vulnera el derecho a la intimidad de los ciudadanos y puede conducir a una vigilancia y elaboración de perfiles injustificados. A medida que los algoritmos de IA se vuelven cada vez más sofisticados a la hora de identificar y rastrear a las personas, el potencial de abuso y uso indebido de los datos personales se hace más pronunciado. Esto pone de relieve la urgente necesidad de una normativa sólida y de directrices éticas que rijan el despliegue de la IA en la vigilancia para salvaguardar los derechos de privacidad. El avance de la IA en la vigilancia no sólo supone una amenaza para la privacidad individual, sino que también desafía la noción de autonomía y libertad en la sociedad. La vigilancia y el análisis continuos del comportamiento mediante sistemas de IA pueden tener un efecto amedrentador sobre la libertad de expresión y movimiento de las personas. El carácter omnipresente de la vigilancia mediante IA hace temer la erosión de las libertades civiles y la aparición de un estado de vigilancia en el que los ciudadanos estén constantemente bajo escrutinio. La dinámica de poder entre los individuos y las autoridades se ve remodelada por la omnipresencia de las tecnologías de IA, lo que plantea interrogantes sobre las implicaciones para la democracia y los derechos humanos en un mundo cada vez más dependiente de las tecnologías de vigilancia. Para abordar las implicaciones éticas y jurídicas de la IA en la vigilancia, los responsables políticos y las partes interesadas deben entablar un diálogo para establecer directrices y límites claros para el uso de estas tecnologías. Es esencial lograr un equilibrio entre las preocupaciones por la seguridad y la protección de los derechos fundamentales, garantizando que el despliegue de la IA en la vigilancia se realice de forma transparente y responsable. Fomentando la colaboración entre los desarrolladores de tecnología, los responsables políticos y la sociedad civil, es posible aprovechar las ventajas de la IA al tiempo que se defienden los derechos de privacidad y se preserva la autonomía de las personas en la era digital. Sólo mediante un esfuerzo concertado para regular y supervisar el uso de la IA en la vigilancia podremos sortear los retos que plantean estas tecnologías y salvaguardar los principios de una sociedad democrática.

Prejuicios y discriminación en los sistemas de IA

Una de las preocupaciones críticas que rodean al avance de la IA es la cuestión de los prejuicios y la discriminación en los sistemas de IA. Aunque estas tecnologías encierran un gran potencial para mejorar la eficacia y la toma de decisiones en diversos campos, no son inmunes a heredar sesgos humanos. Los algoritmos de aprendizaje automático entrenados con datos sesgados pueden perpetuar prácticas discriminatorias, como la elaboración de perfiles raciales en los sistemas de justicia penal o el sesgo de género en los procesos de contratación. Esto plantea graves implicaciones éticas que deben abordarse para garantizar que los sistemas de IA no perpetúen las desigualdades sociales. La opacidad de los algoritmos de IA plantea un reto a la hora de identificar y rectificar los sesgos presentes en estos sistemas. La naturaleza compleja y a menudo de caja negra de los modelos de aprendizaje profundo dificulta la comprensión de cómo se toman las decisiones, lo que deja margen para que no se detecten los sesgos. Esta falta de transparencia no sólo socava la confianza en las tecnologías de IA, sino que también obstaculiza los esfuerzos por responsabilizar a los desarrolladores y a las organizaciones de los resultados discriminatorios. A medida que la IA se integra cada vez más en la sociedad, es crucial dar prioridad a la transparencia y la rendición de cuentas en el diseño y la aplicación de estos sistemas para mitigar los riesgos de parcialidad y discriminación. A la luz de estos retos, existe una necesidad acuciante de establecer directrices éticas y marcos normativos que rijan el desarrollo y la implantación de las tecnologías de IA. Estos marcos deben abordar las cuestiones de parcialidad y discriminación, haciendo hincapié en la importancia de la imparcialidad, la equidad y la responsabilidad en los sistemas de IA. Al establecer normas y directrices claras para los desarrolladores y las organizaciones, los reguladores pueden promover prácticas éticas y garantizar que los sistemas de IA se utilicen de forma responsable y respetuosa con los derechos humanos y la diversidad. Abordar los prejuicios y la discriminación en la IA es esencial para construir un futuro en el que estas tecnologías puedan beneficiar a la sociedad en su conjunto.

Garantizar que la IA respeta los derechos humanos fundamentales

En la búsqueda para garantizar que la IA respeta los derechos humanos fundamentales, es esencial establecer directrices éticas y marcos reguladores claros. Estos marcos deben abordar cuestiones como la parcialidad en los algoritmos de IA, la privacidad de los datos y la responsabilidad en los procesos de toma de decisiones. Al establecer estas normas, podemos protegernos contra los posibles daños y violaciones de los derechos humanos que puedan surgir a medida que los sistemas de IA se vuelvan más avanzados y omnipresentes en la sociedad. La aplicación de medidas de transparencia puede contribuir a aumentar la confianza en las tecnologías de IA, fomentando una relación más armoniosa entre los seres humanos y las máquinas. Un aspecto clave para garantizar que la IA respeta los derechos humanos fundamentales es promover la diversidad y la inclusión en el desarrollo y despliegue de estas tecnologías. Adoptando un abanico diverso de perspectivas y voces en la industria de la IA, podemos evitar que se perpetúen los prejuicios y la discriminación en los sistemas de IA. Implicar a las partes interesadas de distintos orígenes puede ayudar a sacar a la luz consideraciones éticas que de otro modo podrían no haber sido evidentes. Mediante la colaboración y la cooperación, podemos trabajar para crear sistemas de IA que defiendan los derechos humanos y promuevan la igualdad y la justicia para todos los miembros de la sociedad. Además de las directrices éticas y la diversidad en el desarrollo de la IA, es crucial dotar a las personas de conocimientos y conciencia sobre las tecnologías de IA y sus implicaciones para los derechos humanos. La educación desempeña un papel clave en la preparación de las personas para que se comprometan con la IA de forma responsable e informada. Al dotar a las personas de las habilidades necesarias para analizar críticamente los sistemas de IA y defender sus derechos, podemos crear una sociedad más inclusiva y equitativa en la que la tecnología sirva como herramienta para el cambio positivo en lugar de como fuente de daño. Es necesario un enfoque polifacético para garantizar que la IA respeta los derechos humanos fundamentales, que abarque normas éticas, diversidad en el desarrollo y educación para la capacitación.

XVI. IA Y LA SEGURIDAD MUNDIAL

En el ámbito de la seguridad mundial, la integración de sistemas avanzados de IA presenta tanto oportunidades sin precedentes como retos significativos. Por un lado, las tecnologías de IA tienen el potencial de revolucionar las capacidades militares, mejorando la toma de decisiones estratégicas, la precisión de los objetivos e incluso los sistemas de armas autónomas. Este mismo potencial suscita preocupación por las implicaciones éticas de delegar en las máquinas decisiones de vida o muerte, así como por el riesgo de consecuencias imprevistas en situaciones de conflicto. La rápida evolución de la IA plantea cuestiones urgentes sobre las implicaciones para los paradigmas tradicionales de seguridad y la necesidad de cooperación internacional para establecer normas y reglamentos. La proliferación de la IA en diversos ámbitos, como la ciberseguridad, la vigilancia y la guerra de la información, ha creado nuevas vulnerabilidades que pueden ser explotadas por agentes maliciosos. A medida que la IA se vuelve cada vez más sofisticada, aumenta el riesgo de ciberataques y otras formas de amenazas impulsadas por la IA, lo que supone un reto importante para la seguridad mundial. La naturaleza interconectada de la infraestructura digital actual significa que un solo ataque impulsado por la IA podría tener implicaciones de gran alcance, lo que subraya la necesidad de mecanismos de defensa sólidos y de colaboración transfronteriza para hacer frente con eficacia a las amenazas emergentes. A la luz de esta compleja dinámica, los responsables políticos y los expertos en seguridad deben lidiar con el doble imperativo de aprovechar el potencial transformador de la IA para la seguridad y, al mismo tiempo, mitigar los riesgos asociados. Esto requiere un enfoque holístico que combine la innovación tecnológica con consideraciones éticas, marcos normativos y cooperación internacional. Fomentando un diálogo multidisciplinar en el que participen las partes interesadas del gobierno, la industria, el mundo académico y la sociedad civil, será posible navegar por los entresijos de la IA y la seguridad mundial y dar forma a un futuro en el que la IA sirva de fuerza para la paz y la estabilidad, en lugar de ser una fuente de conflicto e inestabilidad.

IA en aplicaciones militares y de defensa

La IA ha ganado cada vez más terreno en las aplicaciones militares y de defensa, ofreciendo una amplia gama de beneficios potenciales. Una ventaja clave de la IA en este contexto es su capacidad para recopilar y analizar cantidades masivas de datos con rapidez y precisión, lo que permite al personal militar tomar decisiones más informadas en tiempo real. Los drones dotados de IA pueden utilizarse para misiones de vigilancia, identificando posibles amenazas y objetivos con gran precisión. Este mayor conocimiento de la situación puede mejorar enormemente la eficacia de las operaciones militares, al tiempo que reduce los riesgos para los soldados sobre el terreno. La IA también puede utilizarse para sistemas de armamento autónomos, como vehículos aéreos no tripulados y robots terrestres. Estos sistemas tienen el potencial de realizar tareas demasiado peligrosas o difíciles para los soldados humanos, como limpiar campos de minas o llevar a cabo misiones de reconocimiento encubiertas. Aunque el uso de armas autónomas plantea problemas éticos, sus defensores sostienen que pueden ayudar a minimizar los daños colaterales y las víctimas civiles en las zonas de conflicto. Es esencial establecer directrices y normativas claras para garantizar que la IA se utiliza de forma responsable y de acuerdo con el derecho humanitario internacional. Además de sus ventajas operativas, la IA en aplicaciones militares y de defensa también presenta nuevos retos y riesgos que deben gestionarse cuidadosamente. Las amenazas a la ciberseguridad, por ejemplo, pueden aprovechar las vulnerabilidades de los sistemas de IA para perturbar las operaciones militares o robar información clasificada. Garantizar la solidez y fiabilidad de las tecnologías de IA frente a las ciberamenazas en evolución será fundamental para la seguridad nacional. El uso de la IA en la guerra plantea complejos dilemas legales y éticos, incluidas cuestiones sobre la responsabilidad y la posibilidad de que los sistemas autónomos tomen decisiones de vida o muerte. A medida que la IA sigue avanzando, los responsables políticos, los líderes militares y los especialistas en ética deben trabajar juntos para abordar estos retos y garantizar que la IA se despliegue de forma que defienda los valores humanos y proteja la seguridad mundial.

Los retos de la ciberseguridad en la era de la IA

En la era de la IA, la ciberseguridad se enfrenta a retos sin precedentes debido a la complejidad y sofisticación de los sistemas de IA. Una de las principales preocupaciones es la posibilidad de que los ciberataques impulsados por IA sean más selectivos, sigilosos y difíciles de detectar que los métodos tradicionales. Los algoritmos de aprendizaje automático pueden adaptarse y aprender de nuevos datos, lo que permite a los ciberdelincuentes evolucionar constantemente sus tácticas para eludir las medidas de seguridad. Este panorama dinámico de amenazas requiere un enfoque proactivo de la ciberseguridad, centrado en la supervisión continua, la inteligencia sobre amenazas y la capacidad de respuesta rápida. El propio uso de la IA en ciberseguridad plantea riesgos, ya que los actores maliciosos pueden explotar las vulnerabilidades de los sistemas de IA para manipularlos en su beneficio. Los ataques de adversarios, en los que cambios sutiles en los datos de entrada pueden engañar a los algoritmos de IA, suscitan preocupación sobre la fiabilidad y confianza de los mecanismos de defensa automatizados. Para hacer frente a estos retos, los profesionales de la ciberseguridad no sólo deben comprender los aspectos técnicos de la IA, sino también prever las implicaciones éticas de su despliegue. Garantizar la integridad y resistencia de los sistemas de IA requiere salvaguardias sólidas, algoritmos transparentes y el cumplimiento de normas éticas para mitigar el potencial de explotación. A medida que la IA sigue avanzando, la naturaleza interconectada de los sistemas digitales y las infraestructuras críticas aumenta el impacto potencial de las ciberamenazas en la sociedad. La convergencia de la IA con otras tecnologías emergentes, como el Internet de las Cosas y los vehículos autónomos, amplifica la complejidad y la escala de los retos de ciberseguridad. Este ecosistema interconectado requiere estrategias holísticas de gestión de riesgos que abarquen no sólo los aspectos tecnológicos, sino también los marcos normativos, la cooperación internacional y la concienciación pública. Reforzar la resistencia de la ciberseguridad en la era de la IA exige esfuerzos de colaboración entre los gobiernos, las partes interesadas de la industria y el mundo académico para navegar por el cambiante panorama de las amenazas y salvaguardar el futuro de la innovación digital.

Cooperación internacional en la regulación de las armas de IA

En el contexto del rápido avance del campo de la inteligencia artificial, la necesidad de cooperación internacional para regular las armas de IA es cada vez más urgente. A medida que las tecnologías de IA evolucionan y se hacen más sofisticadas, la posibilidad de que estas herramientas se utilicen en la guerra plantea importantes problemas éticos y de seguridad. Sin un marco global que regule el desarrollo y despliegue de las armas de IA, se corre el riesgo de desestabilizar el panorama de la seguridad internacional. La cooperación internacional es esencial para establecer estándares y normas que puedan guiar el uso responsable de la IA en contextos militares, garantizando que estas tecnologías se empleen de forma que cumplan el derecho internacional y respeten los derechos humanos. La colaboración entre las naciones en la regulación de las armas de IA puede ayudar a mitigar los riesgos asociados a las consecuencias imprevistas y el potencial de escalada en los conflictos. Al fomentar el diálogo y la cooperación sobre la gobernanza de la IA, los países pueden trabajar juntos para abordar los retos comunes y promover la transparencia en el desarrollo y despliegue de las tecnologías de IA. Este esfuerzo colectivo también puede ayudar a fomentar la confianza entre las naciones y reducir la probabilidad de carreras armamentísticas impulsadas por la búsqueda de la supremacía de la IA en entornos militares. La cooperación internacional en la regulación de las armas de IA es crucial para promover la paz y la seguridad en un mundo cada vez más interconectado. Mediante el establecimiento de normas y directrices claras para el uso responsable de las tecnologías de IA en la guerra, los países pueden colaborar para evitar el uso indebido de estas poderosas herramientas y defender las normas éticas en las operaciones militares. Mediante la colaboración y el diálogo continuos, la comunidad internacional puede afrontar los complejos retos que plantean las armas de IA y garantizar que estas tecnologías se utilicen en beneficio colectivo de la humanidad.

XVII. IA E INTELIGENCIA EMOCIONAL

La integración de la inteligencia emocional en los sistemas de IA es cada vez más relevante a medida que avanza la tecnología. La inteligencia emocional implica la capacidad de percibir, comprender y gestionar las emociones, tanto en uno mismo como en los demás. Al incorporar la inteligencia emocional a la IA, las máquinas pueden interactuar mejor con los humanos, comprender sus emociones y responder adecuadamente. Esto puede dar lugar a interacciones más personalizadas y empáticas, mejorando la experiencia general del usuario. El desarrollo de la IA con inteligencia emocional plantea consideraciones éticas sobre la posible manipulación de las emociones humanas. Dado que las máquinas son cada vez más capaces de comprender las emociones y responder a ellas, preocupa cómo podría utilizarse este conocimiento para influir en los sentimientos y el comportamiento de las personas. Esto pone de relieve la importancia de establecer directrices y normativas que garanticen que la IA con inteligencia emocional se utiliza de forma ética y responsable, salvaguardando la privacidad y la autonomía del usuario. La intersección de la IA y la inteligencia emocional representa un avance significativo en la tecnología con potencial para revolucionar las interacciones hombre-máquina. A medida que esta tecnología evoluciona, es crucial abordar las consideraciones éticas y establecer límites claros para evitar el uso indebido. Si incorporamos la inteligencia emocional a los sistemas de IA de forma reflexiva y ética, podremos aprovechar las ventajas de las interacciones mejoradas y, al mismo tiempo, mitigar los riesgos asociados a la manipulación de las emociones humanas. El desarrollo de la IA con inteligencia emocional requiere un planteamiento reflexivo y equilibrado para garantizar que sirve a los mejores intereses de la sociedad en su conjunto.

Desarrollo de IA emocionalmente inteligente

En su afán por desarrollar una IA emocionalmente inteligente, los investigadores están incorporando los avances de la ciencia cognitiva y la psicología para que las máquinas puedan reconocer las emociones humanas y responder a ellas. Integrando la inteligencia emocional en los sistemas de IA, las máquinas pueden comprender e interactuar mejor con los seres humanos, dando lugar a experiencias más personalizadas y eficaces. Este avance marca un cambio significativo en la evolución de la IA, que va más allá de las capacidades puramente analíticas, hacia una comprensión más holística del comportamiento y la comunicación humanos. A medida que la IA siga integrándose en diversos aspectos de la sociedad, la capacidad de empatizar y adaptarse a las emociones humanas será crucial para fomentar la confianza y la aceptación de estas tecnologías. El desarrollo de la IA emocionalmente inteligente abre nuevas posibilidades para mejorar el apoyo a la salud mental, el servicio al cliente y la comunicación interpersonal. Las máquinas dotadas de inteligencia emocional pueden detectar patrones en las emociones humanas, ofreciendo respuestas e intervenciones a medida para satisfacer mejor las necesidades individuales. En la asistencia sanitaria, por ejemplo, la IA emocionalmente inteligente puede proporcionar apoyo empático a los pacientes, ofreciéndoles consuelo y orientación en momentos de angustia. Del mismo modo, en las interacciones de atención al cliente, los sistemas de IA pueden comprender y abordar mejor las preocupaciones de los clientes, lo que conduce a una mayor satisfacción y lealtad. Al incorporar la inteligencia emocional a la IA, no sólo avanzamos en tecnología, sino que también mejoramos la colaboración y la conexión entre humanos y máquinas. El desarrollo de la IA emocionalmente inteligente también plantea problemas éticos relacionados con la privacidad, la autonomía y la manipulación. A medida que los sistemas de IA se vuelven más expertos en comprender y responder a las emociones humanas, existe la posibilidad de explotar y utilizar indebidamente esta información. La capacidad de la IA para manipular las emociones e influir en la toma de decisiones plantea riesgos importantes para las personas y la sociedad en su conjunto. La dependencia de la IA emocionalmente inteligente en áreas críticas como la sanidad y las finanzas plantea cuestiones sobre la responsabilidad y la transparencia en la toma de decisiones algorítmicas. Mientras navegamos por las complejidades de la integración de la inteligencia emocional en la IA, es esencial dar prioridad a las consideraciones éticas y a los marcos reguladores para garantizar que estas tecnologías se desarrollan y utilizan de forma responsable en beneficio de todos.

Aplicaciones de la IA en el apoyo a la salud mental
En el ámbito de la asistencia a la salud mental, las aplicaciones de la IA están logrando avances significativos en la mejora de la calidad y la accesibilidad de la asistencia. Un área clave en la que se está aplicando la IA es la detección precoz de trastornos mentales. Analizando patrones en el habla, el texto y el comportamiento, los algoritmos de IA pueden señalar indicadores potenciales de trastornos como la depresión y la ansiedad.

Este enfoque proactivo permite intervenir a tiempo, lo que mejora los resultados de las personas que luchan contra problemas de salud mental. Los chatbots con IA y los terapeutas virtuales prestan apoyo a quienes lo necesitan las 24 horas del día, ofreciendo un espacio confidencial y libre de juicios para que las personas expresen sus pensamientos y sentimientos. La IA está revolucionando la personalización de los planes de tratamiento para los pacientes de salud mental. Los algoritmos de aprendizaje automático pueden analizar grandes cantidades de datos para crear intervenciones a medida que tengan en cuenta las características y necesidades únicas de cada persona. Este nivel de personalización garantiza que los enfoques de tratamiento sean más eficaces y eficientes, lo que en última instancia conduce a mejores resultados para los pacientes. Las herramientas impulsadas por la IA están capacitando a los profesionales de la salud mental, proporcionándoles información y recomendaciones en tiempo real basadas en prácticas contrastadas, lo que mejora aún más la calidad de la atención prestada a los pacientes. La IA está derribando barreras a la asistencia en salud mental, llegando a poblaciones que pueden tener un acceso limitado a los servicios tradicionales. A través de plataformas de telesalud y aplicaciones móviles, las personas que viven en zonas remotas o tienen agendas muy apretadas pueden conectar fácilmente con los recursos de salud mental. Los algoritmos de IA pueden analizar los datos de estas interacciones para mejorar continuamente los servicios ofrecidos, haciendo que el apoyo a la salud mental sea más receptivo y adaptable a las diversas necesidades de los usuarios. A medida que la IA sigue evolucionando en el ámbito de la salud mental, tiene el potencial de transformar la forma en que abordamos y tratamos los problemas de salud mental, ofreciendo nuevas posibilidades de intervención temprana, atención personalizada y mayor accesibilidad a los servicios de apoyo.

Consideraciones éticas sobre el papel de la IA en el bienestar emocional

El papel de la IA en el bienestar emocional plantea complejas consideraciones éticas que deben abordarse cuidadosamente. A medida que la IA avanza y desempeña un papel más importante en la sociedad, aumenta la preocupación por su impacto en las emociones humanas y la salud mental. Los sistemas de IA que pueden detectar y responder a las emociones pueden proporcionar un valioso apoyo en ámbitos como la atención a la salud mental o la educación. Preocupan la privacidad, la confianza y la posibilidad de que la IA manipule o explote las vulnerabilidades emocionales. Es esencial establecer directrices y normativas claras para garantizar que las tecnologías de IA se utilicen de forma ética y responsable en el contexto del bienestar emocional. Una consideración ética importante es la posibilidad de sesgo y discriminación en los algoritmos de IA diseñados para evaluar o responder a las emociones. Si estos sistemas no se programan y prueban cuidadosamente, podrían perpetuar inadvertidamente estereotipos perjudiciales o marginar a determinados grupos. Está la cuestión del consentimiento y la transparencia cuando se trata de que la IA acceda a datos emocionales personales y los analice. Los usuarios deben tener control sobre sus datos y estar plenamente informados sobre cómo se utilizarán para proteger su bienestar emocional y su privacidad. Deben establecerse directrices y normas éticas que rijan el desarrollo y la aplicación de las tecnologías de IA en contextos emocionales. La integración de la IA en los servicios de bienestar emocional plantea cuestiones sobre la responsabilidad y la rendición de cuentas de los desarrolladores y operadores de IA. En los casos en que los sistemas de IA proporcionen apoyo emocional o terapia, deben existir líneas claras de responsabilidad en caso de errores o daños. La transparencia en la forma en que los algoritmos de IA toman decisiones que afectan al bienestar emocional es crucial para generar confianza entre los usuarios. Las consideraciones éticas sobre el papel de la IA en el bienestar emocional requieren un enfoque global que tenga en cuenta los riesgos potenciales, los beneficios y las salvaguardias necesarias para proteger la salud emocional de las personas en un mundo cada vez más impulsado por la IA.

XVIII. IA Y URBANISMO

A medida que la IA sigue avanzando, su impacto en la planificación urbana es cada vez más significativo. La IA puede optimizar los sistemas de transporte, predecir las necesidades de infraestructuras y mejorar los servicios urbanos. Analizando grandes cantidades de datos, la IA puede ayudar a los planificadores a tomar decisiones informadas para crear ciudades más eficientes y sostenibles. La IA puede utilizarse para analizar los patrones de tráfico y sugerir mejoras para reducir la congestión y las emisiones. También puede predecir el crecimiento de la población y recomendar dónde centrar el desarrollo urbano para satisfacer las necesidades futuras. Integrando la IA en los procesos de planificación urbana, las ciudades pueden ser más inteligentes, más receptivas y estar mejor equipadas para afrontar los retos de una población creciente y un panorama tecnológico en evolución. La IA puede revolucionar la forma en que se diseñan y construyen las ciudades. Mediante el uso de herramientas de diseño potenciadas por la IA, los urbanistas pueden crear estructuras más innovadoras y respetuosas con el medio ambiente. Estas herramientas pueden generar modelos y simulaciones complejos que ayuden a los arquitectos y constructores a optimizar el uso de la energía, mejorar la integridad estructural y aumentar la funcionalidad general. La IA también puede agilizar el proceso de obtención de permisos identificando posibles conflictos o problemas en una fase temprana del diseño, ahorrando tiempo y reduciendo costes. Aprovechando el poder de la IA en la planificación urbana, las ciudades pueden ser más sostenibles, resistentes y adaptables a las necesidades de sus habitantes. A medida que la IA se integra más en el tejido de la planificación urbana, deben abordarse las consideraciones éticas. Cuestiones como la privacidad de los datos, el sesgo de los algoritmos y el desplazamiento de trabajadores humanos deben gestionarse cuidadosamente para garantizar que la IA beneficie a la sociedad en su conjunto. La transparencia en el uso de las tecnologías de IA, la responsabilidad de los procesos de toma de decisiones y la distribución equitativa de los beneficios generados por la IA son esenciales para crear espacios urbanos éticos y responsables. Estableciendo directrices y marcos claros para el uso ético de la IA en la planificación urbana, las ciudades pueden aprovechar todo el potencial de esta tecnología, salvaguardando al mismo tiempo el bienestar y los derechos de sus ciudadanos.

Iniciativas de ciudades inteligentes impulsadas por la IA

En el ámbito de las iniciativas de ciudades inteligentes, la IA desempeña un papel fundamental en la optimización de los procesos urbanos y la mejora de la calidad de vida de los ciudadanos. Aprovechando el poder de las tecnologías impulsadas por la IA, las ciudades pueden gestionar eficazmente los recursos, mejorar los sistemas de transporte y aumentar la seguridad pública. Los sensores impulsados por la IA pueden recoger y analizar datos en tiempo real, permitiendo un flujo de tráfico más eficiente y un menor consumo de energía. Las iniciativas de ciudades inteligentes impulsadas por la IA pueden ayudar a predecir y mitigar posibles retos, como catástrofes naturales o crisis de salud pública, permitiendo una toma de decisiones proactiva y respuestas rápidas. La IA facilita la creación de infraestructuras inteligentes que se adapten a las necesidades de un entorno urbano dinámico. Integrando algoritmos de IA en la planificación y el desarrollo de las ciudades, los municipios pueden optimizar el uso del suelo, reducir los residuos y promover prácticas sostenibles. La IA puede optimizar los sistemas de gestión de residuos prediciendo las necesidades de recogida basándose en datos históricos y en las condiciones actuales, lo que conduce a un enfoque más rentable y respetuoso con el medio ambiente. Las redes inteligentes impulsadas por la IA pueden controlar los patrones de consumo de energía y ajustar el suministro en consecuencia, promoviendo la eficiencia energética y reduciendo las emisiones de carbono. La integración de la IA en las iniciativas de ciudades inteligentes representa un paso importante hacia la construcción de entornos urbanos más sostenibles, eficientes y resistentes. A medida que las tecnologías de IA siguen evolucionando, las ciudades tienen la oportunidad de aprovechar los conocimientos basados en los datos para mejorar las infraestructuras, potenciar los servicios y abordar retos complejos. Es crucial dar prioridad a las consideraciones éticas, la privacidad de los datos y la inclusión en la aplicación de soluciones basadas en la IA para garantizar que las ciudades inteligentes beneficien a todos los ciudadanos de forma equitativa. Al fomentar la colaboración entre expertos en tecnología, responsables políticos y comunidades, las iniciativas de ciudades inteligentes impulsadas por la IA pueden allanar el camino hacia un futuro más conectado, inteligente y sostenible.

La IA en la gestión del transporte y las infraestructuras

La IA ya ha empezado a revolucionar la gestión del transporte y las infraestructuras, optimizando la eficiencia y la seguridad.

En el ámbito del transporte, se están utilizando sistemas basados en IA para analizar los patrones de tráfico, optimizar las rutas e incluso ayudar en la tecnología de conducción autónoma. Estos avances no sólo mejoran la experiencia general de los viajeros, sino que también reducen la congestión del tráfico y las emisiones. Para la gestión de infraestructuras, la IA está demostrando ser vital para predecir las necesidades de mantenimiento, optimizar el consumo de energía y mejorar el rendimiento general. Utilizando la IA, las autoridades pueden tomar decisiones más informadas, lo que permite ahorrar costes y aumentar la sostenibilidad de los proyectos de infraestructuras. Un aspecto clave de la IA en la gestión del transporte y las infraestructuras es su capacidad para recopilar y analizar grandes cantidades de datos en tiempo real. Este enfoque basado en los datos permite el mantenimiento predictivo, que puede ayudar a evitar costosas averías y tiempos de inactividad en los sistemas de transporte y las infraestructuras. Los algoritmos de IA pueden detectar pautas y anomalías que pueden no ser obvias para los operadores humanos, lo que permite tomar medidas proactivas. Este proceso de toma de decisiones basado en datos capacita a los gestores de transporte e infraestructuras para asignar recursos de forma eficaz y priorizar las tareas de mantenimiento en función de las necesidades reales, mejorando la fiabilidad y longevidad generales del sistema. Además de mejorar la eficiencia, la IA en la gestión del transporte y las infraestructuras también desempeña un papel crucial en la mejora de la seguridad. Aprovechando los sensores y los sistemas de vigilancia potenciados por la IA, las agencias de transporte pueden detectar peligros potenciales, predecir riesgos e incluso prevenir accidentes antes de que ocurran. Del mismo modo, en la gestión de infraestructuras, la IA puede ayudar a identificar puntos débiles estructurales, controlar el impacto medioambiental y garantizar el cumplimiento de las normas de seguridad. Estas medidas de seguridad no sólo protegen al público en general, sino que también contribuyen a la resistencia y sostenibilidad generales de los sistemas de transporte y las redes de infraestructuras.

Consideraciones éticas en el desarrollo urbano impulsado por la IA

En el ámbito del desarrollo urbano impulsado por la IA, una de las cuestiones más acuciantes son las consideraciones éticas que deben tenerse en cuenta. A medida que las ciudades confían cada vez más en la IA para optimizar el transporte, el uso de la energía y los servicios públicos, las cuestiones de privacidad, equidad y autonomía pasan a un primer plano. Al implantar sistemas de IA para gestionar el flujo de tráfico, las decisiones sobre dar prioridad a determinadas rutas o vehículos pueden tener consecuencias imprevistas, como exacerbar las desigualdades existentes. Asegurarse de que estos sistemas se diseñan con los valores de equidad y transparencia es crucial para evitar cualquier impacto negativo en las poblaciones vulnerables. El despliegue de la IA en el desarrollo urbano suscita preocupación por la privacidad de los datos y la vigilancia. Con la gran cantidad de datos que se recogen y analizan para mejorar el funcionamiento de las ciudades, existe el riesgo de vulnerar los derechos de privacidad de las personas. Lograr un equilibrio entre el uso de los datos para el bien público y la protección de la información personal es una tarea delicada que requiere una normativa y una supervisión estrictas. La posibilidad de que el uso indebido de los sistemas de vigilancia basados en la IA vulnere las libertades civiles pone de relieve la necesidad de unas directrices éticas sólidas que protejan contra los abusos. Al navegar por las complejidades del desarrollo urbano impulsado por la IA, las partes interesadas deben considerar también las implicaciones de la automatización en el empleo y la estabilidad económica. A medida que los sistemas de IA asumen cada vez más tareas tradicionalmente realizadas por humanos, existe la posibilidad de que se produzca un desplazamiento generalizado de puestos de trabajo y desigualdad de ingresos. Garantizar que los beneficios de la IA se distribuyan equitativamente y que existan mecanismos para apoyar a los afectados por la automatización será esencial para fomentar un futuro sostenible e integrador para las ciudades. Al abordar estas consideraciones éticas de forma proactiva, los responsables políticos y los desarrolladores pueden allanar el camino para una integración más ética y responsable de la IA en los entornos urbanos.

XIX. IA Y EL FUTURO DEL TRABAJO

En el ámbito del trabajo, la IA está a punto de revolucionar las industrias, creando tanto oportunidades como retos para los mercados laborales de todo el mundo. A medida que las tecnologías de IA sigan avanzando, es probable que la naturaleza del trabajo experimente transformaciones significativas, con la automatización de tareas y la aparición de nuevas funciones laborales para aprovechar las capacidades de las máquinas inteligentes. Este cambio hacia una mano de obra más automatizada plantea importantes cuestiones sobre el futuro del empleo humano, así como sobre las aptitudes y competencias necesarias para prosperar en una economía impulsada por la IA. La integración de la IA en el lugar de trabajo tiene implicaciones para la productividad, la eficiencia y la innovación. La automatización puede agilizar los procesos, reducir los errores y aumentar el rendimiento general, lo que aumenta la competitividad de las empresas. Esto también suscita preocupación por el desplazamiento de puestos de trabajo y la necesidad de reciclaje y mejora de las cualificaciones para garantizar que los trabajadores estén preparados para un mercado laboral en evolución. A medida que la IA se vuelva más sofisticada, las organizaciones tendrán que adaptar sus estrategias de personal para aprovechar las ventajas de la automatización, mitigando al mismo tiempo los posibles efectos negativos sobre los empleados. Para navegar por este periodo transformador, los responsables políticos, las empresas y las instituciones educativas tendrán que colaborar para desarrollar estrategias integrales que aborden los retos que plantea la IA en el futuro del trabajo. Esto incluye fomentar una cultura de aprendizaje permanente, impulsar la creatividad y el pensamiento crítico, y promover la adaptabilidad al cambio tecnológico. Invirtiendo en programas de educación y formación que doten a las personas de las habilidades necesarias para prosperar en una economía impulsada por la IA, la sociedad podrá aprovechar todo el potencial de la IA, garantizando al mismo tiempo que los beneficios se repartan equitativamente entre todos los segmentos de la población.

Recualificación y mejora de las cualificaciones para una economía impulsada por la IA

En el contexto del rápido avance de las tecnologías de IA, nunca se insistirá lo suficiente en la importancia de reciclar y perfeccionar la mano de obra para una economía impulsada por la IA. A medida que la automatización sigue remodelando las industrias, los trabajadores tienen que adaptarse al paisaje cambiante adquiriendo nuevas habilidades que complementen los sistemas de IA. Los empleados del sector manufacturero pueden tener que aprender a manejar y mantener robots, mientras que los del servicio de atención al cliente pueden tener que mejorar su inteligencia emocional para trabajar eficazmente junto a los chatbots impulsados por la IA. Este cambio en los requisitos de cualificación requiere un aprendizaje y desarrollo continuos para garantizar la empleabilidad en el futuro mercado laboral. Los programas de reciclaje y mejora de las cualificaciones desempeñan un papel crucial para mitigar el posible desplazamiento de puestos de trabajo causado por la automatización. Al proporcionar a los trabajadores la formación necesaria para la transición a funciones que aprovechen las tecnologías de IA, estos programas pueden ayudar a las personas a seguir siendo relevantes y competitivas en el mercado laboral. Los gobiernos, las empresas y las instituciones educativas deben colaborar para diseñar y poner en marcha iniciativas eficaces de reciclaje profesional que respondan a las necesidades de los distintos sectores y grupos demográficos. Invertir en oportunidades de aprendizaje permanente y vías de desarrollo profesional puede capacitar a los trabajadores para superar los retos que plantea la economía impulsada por la IA y garantizar un empleo estable frente a la disrupción tecnológica. Además de la preparación individual, el reciclaje y la mejora de las cualificaciones de la mano de obra contribuyen a la resistencia socioeconómica general necesaria para una transición satisfactoria a una economía impulsada por la IA. Una mano de obra cualificada y adaptable no sólo impulsa la innovación y la productividad, sino que también fomenta el crecimiento económico y la cohesión social. Al dotar a los trabajadores de las habilidades necesarias para aprovechar eficazmente las tecnologías de la IA, las organizaciones pueden desbloquear nuevas oportunidades de creación de valor y desarrollo sostenible. Las iniciativas de reciclaje y mejora de las cualificaciones deben considerarse una inversión en capital humano que no sólo prepara a las personas para el futuro del trabajo, sino que también refuerza los cimientos de una sociedad próspera impulsada por la IA.

Colaboración entre humanos e IA en el lugar de trabajo

En el lugar de trabajo moderno, la colaboración entre los seres humanos y la IA es cada vez más habitual y esencial. Los sistemas de IA están diseñados para complementar las habilidades humanas y mejorar la productividad realizando tareas repetitivas de forma más eficiente, procesando grandes cantidades de datos y proporcionando información valiosa para la toma de decisiones. Esta asociación permite a los empleados centrarse en aspectos más creativos y complejos de su trabajo, mientras la IA se encarga de las operaciones rutinarias. Aprovechando los puntos fuertes únicos tanto de los humanos como de la IA, las organizaciones pueden alcanzar mayores niveles de innovación y competitividad. Con la integración de la IA en el lugar de trabajo, se está produciendo un cambio hacia un entorno más dinámico y adaptable en el que la colaboración entre humanos e IA está redefiniendo las funciones laborales tradicionales. Las personas deben desarrollar nuevas habilidades, como el análisis de datos, la resolución de problemas y el pensamiento crítico, para trabajar eficazmente junto a las tecnologías de IA. Esta evolución exige una mentalidad flexible y la voluntad de aceptar el cambio, mientras los empleados navegan por las complejidades de interactuar con máquinas inteligentes. Las organizaciones deben invertir en programas de formación para dotar a su plantilla de los conocimientos y capacidades necesarios para aprovechar eficazmente las herramientas de IA. A pesar de las muchas ventajas de la colaboración entre humanos e IA en el lugar de trabajo, también hay retos que deben abordarse. Una de las principales preocupaciones es garantizar el uso ético de los sistemas de IA, incluidas las cuestiones relacionadas con la privacidad, la parcialidad y la transparencia. Las organizaciones deben establecer directrices y normas claras para el despliegue responsable de las tecnologías de IA, a fin de protegerse de consecuencias no deseadas. Es necesario mantener un equilibrio entre la automatización de las tareas y la conservación de los empleos humanos, garantizando que la IA mejore las capacidades humanas en lugar de sustituirlas. Fomentando una relación armoniosa entre los seres humanos y la IA, el lugar de trabajo puede evolucionar hacia un entorno más eficiente, innovador e integrador.

Implicaciones socioeconómicas de la IA en el empleo y la distribución de la renta

Las implicaciones socioeconómicas de la IA en el empleo y la distribución de la renta son polifacéticas, con oportunidades y retos derivados de la integración de las tecnologías avanzadas en diversas industrias. Por un lado, la IA tiene el potencial de aumentar la productividad, agilizar los procesos e impulsar la innovación, lo que conduce al crecimiento económico y a la creación de empleo en nuevos sectores. Por otra parte, preocupa el desplazamiento de trabajadores en funciones tradicionales a medida que la automatización sustituye a las tareas manuales. Este desplazamiento podría aumentar la desigualdad de ingresos, ya que los empleos que requieren niveles más altos de educación y conocimientos técnicos se vuelven más lucrativos, mientras que los trabajadores poco cualificados se enfrentan a una disminución de la demanda. El impacto de la IA en el empleo va más allá de las funciones laborales individuales y afecta a la estructura de la mano de obra en su conjunto. El auge de los sistemas impulsados por la IA podría provocar una reestructuración de las jerarquías laborales, ya que algunos puestos quedarían obsoletos mientras que otros requerirían una adaptación para trabajar junto a las máquinas de forma eficaz. Esta transformación podría dar lugar a una polarización del mercado laboral, en el que los trabajadores altamente cualificados se beneficiarían de los avances de la IA, mientras que los que tienen un acceso limitado a la educación y la formación lucharían por competir en una economía automatizada. En consecuencia, los responsables políticos deben considerar estrategias que garanticen una distribución justa de los beneficios de la IA, como invertir en programas de mejora de las cualificaciones y aplicar políticas que apoyen a los trabajadores en la transición a nuevas funciones. Las implicaciones socioeconómicas de la IA en el empleo y la distribución de los ingresos subrayan la importancia de adoptar medidas proactivas para mitigar las posibles desigualdades y perturbaciones. A medida que la tecnología de la IA sigue avanzando, es crucial que las partes interesadas a todos los niveles -desde los gobiernos y las empresas hasta las instituciones educativas y los individuos- colaboren en la búsqueda de soluciones que promuevan la inclusión y la equidad en la mano de obra. Fomentando una cultura de aprendizaje permanente, apoyando las transiciones profesionales y promoviendo redes de seguridad social, las sociedades pueden aprovechar el potencial de la IA para fomentar el crecimiento económico, garantizando al mismo tiempo que los beneficios sean compartidos por todos los miembros de la población activa, creando un futuro más sostenible y equitativo para las generaciones venideras.

XX. IA Y LA TOMA DE DECISIONES ÉTICAS

La integración de la IA en los procesos de toma de decisiones ha planteado importantes consideraciones éticas que no pueden pasarse por alto. A medida que los algoritmos de IA se hacen cada vez más potentes y autónomos, tienen el potencial de moldear aspectos cruciales de nuestras vidas, desde la asistencia sanitaria a la justicia penal. La cuestión radica en garantizar que estos algoritmos den prioridad a valores y principios éticos, como la justicia, la transparencia y la responsabilidad. Sin un marco ético claro que guíe el desarrollo y el despliegue de la IA, existe el riesgo de perpetuar los prejuicios, la discriminación y el daño en las decisiones tomadas por estos sistemas. Es esencial que las organizaciones y los responsables políticos participen activamente en los debates sobre la ética de la IA para protegerse de las repercusiones sociales negativas. La complejidad de los sistemas de IA plantea retos a la hora de comprender e interpretar el razonamiento que subyace a sus decisiones, lo que se conoce como el problema de la caja negra. Esta opacidad puede suscitar preocupaciones sobre la rendición de cuentas y la responsabilidad cuando se producen errores o sesgos. La toma de decisiones ética requiere no sólo transparencia en el funcionamiento de los algoritmos de IA, sino también mecanismos para que las personas puedan impugnar o apelar las decisiones que puedan tener efectos adversos. Crear mecanismos de explicabilidad e interpretabilidad puede aumentar la confianza en los sistemas de IA, garantizando que sus decisiones se ajustan a las normas y valores éticos. Al fomentar la transparencia y la responsabilidad, las organizaciones pueden mitigar los riesgos éticos y promover el uso responsable de la tecnología de IA en diversos ámbitos. La rápida evolución de las tecnologías de IA exige una supervisión y evaluación continuas de sus implicaciones éticas para abordar eficazmente los retos emergentes. A medida que los sistemas de IA se vuelven más sofisticados y autónomos, los dilemas éticos que plantean crecen en complejidad, lo que exige directrices éticas dinámicas y adaptables. El establecimiento de colaboraciones interdisciplinarias entre especialistas en ética, tecnólogos, responsables políticos y otras partes interesadas puede fomentar un enfoque holístico para abordar los problemas éticos en el desarrollo y despliegue de la IA. Fomentando el diálogo abierto y la colaboración, la sociedad puede abordar de forma proactiva los retos éticos y garantizar que las tecnologías de IA se ajusten a los valores y prioridades humanos. La búsqueda de una toma de decisiones ética en la IA requiere un esfuerzo concertado de todas las partes interesadas para defender los principios éticos y promover la innovación responsable en este campo.

Razonamiento moral en los sistemas de IA

La cuestión del razonamiento moral en los sistemas de IA es un aspecto fundamental que debe considerarse cuidadosamente a medida que la tecnología avanza hacia niveles superiores de inteligencia artificial. La capacidad de la IA para tomar decisiones éticas suscita preocupación por las posibles consecuencias de que los sistemas automatizados actúen con autonomía en situaciones en las que surjan dilemas éticos. Sin un marco sólido para incorporar principios morales a los algoritmos de IA, existe el riesgo de que se produzcan resultados no deseados que puedan entrar en conflicto con los valores humanos. Es esencial

- desarrollar mecanismos que permitan a los sistemas de IA interpretar y aplicar el razonamiento moral de forma que se ajuste a las normas éticas. En este contexto, el campo de la ética de las máquinas ha surgido como un área crítica de investigación, con el objetivo de dotar a los sistemas de IA de la capacidad de hacer juicios morales y actuar éticamente en diversos escenarios. Mediante la integración de modelos de razonamiento moral en los algoritmos de IA, los desarrolladores pretenden garantizar que las máquinas puedan enfrentarse a dilemas morales complejos y tomar decisiones que reflejen los valores humanos. Este enfoque implica codificar principios y reglas éticos en los procesos de toma de decisiones de los sistemas, permitiéndole evaluar las implicaciones de sus acciones desde un punto de vista moral. El objetivo es crear sistemas de IA que puedan actuar de acuerdo con las normas éticas y contribuir positivamente a la sociedad. La integración del razonamiento moral en los sistemas de IA no sólo plantea retos técnicos, sino también cuestiones filosóficas sobre la naturaleza de la agencia moral en las máquinas. A medida que la IA se vuelve más sofisticada, suscita una reevaluación de lo que significa atribuir responsabilidad moral a entidades no humanas. El desarrollo de sistemas autónomos de IA capaces de razonar moralmente difumina la línea entre la agencia humana y la de las máquinas, lo que da lugar a debates sobre la responsabilidad y las implicaciones de delegar decisiones éticas en máquinas inteligentes. Estas reflexiones subrayan la necesidad de un enfoque multidisciplinar que abarque no sólo los conocimientos técnicos, sino también las consideraciones éticas y las reflexiones filosóficas sobre la intersección de la IA y el razonamiento moral.

Marcos éticos para la programación de IA

En el ámbito de la programación de la IA, los marcos éticos desempeñan un papel crucial a la hora de guiar el desarrollo y el despliegue de la tecnología avanzada. Un aspecto clave es el concepto de transparencia, que garantiza que el funcionamiento interno de los sistemas de IA sea comprensible tanto para los usuarios como para los desarrolladores. Al promover la transparencia, los marcos éticos pueden ayudar a generar confianza en las tecnologías de IA y mitigar los riesgos potenciales asociados a su despliegue. Las directrices éticas pueden abordar cuestiones como la parcialidad en los algoritmos de IA, garantizando que los procesos de toma de decisiones sean justos y equitativos. Estos marcos sirven de hoja de ruta para los desarrolladores, destacando la importancia de las consideraciones éticas en todas las fases de la programación de la IA. Otro aspecto importante de los marcos éticos para la programación de IA es el principio de responsabilidad. Los desarrolladores deben responsabilizarse de los resultados de sus sistemas de IA, asegurándose de que se diseñan e implementan de forma que se ajusten a las normas éticas. Al establecer líneas claras de responsabilidad, los marcos éticos pueden ayudar a prevenir posibles daños causados por las tecnologías de IA. Los mecanismos de rendición de cuentas pueden incentivar a los desarrolladores a dar prioridad a las consideraciones éticas a lo largo del proceso de programación, lo que en última instancia conduce a sistemas de IA más responsables. Este énfasis en la responsabilidad refuerza la idea de que los marcos éticos son esenciales para guiar el desarrollo responsable de la tecnología de IA. Los marcos éticos pueden promover el principio de beneficencia en la programación de la IA, garantizando que el objetivo último de los sistemas de IA sea beneficiar a la sociedad en su conjunto. Al dar prioridad al bienestar de los individuos y de la sociedad, las directrices éticas pueden dirigir el desarrollo de la tecnología de IA hacia resultados positivos. Esto puede implicar consideraciones como la protección de la privacidad, la seguridad de los datos y el respeto a la autonomía del usuario. Al adherirse al principio de beneficencia, los programadores de IA pueden contribuir al avance de la tecnología de forma que mejore el bienestar humano y promueva el bien social. En esencia, los marcos éticos sirven como herramienta fundamental para garantizar que la programación de la IA se ajusta a los valores y principios que son importantes para el bienestar de la sociedad.

Responsabilidad y transparencia en la toma de decisiones sobre IA

La responsabilidad y la transparencia en la toma de decisiones de la IA son aspectos cruciales que deben abordarse a medida que nos acercamos a la singularidad tecnológica. A medida que los sistemas de IA adquieren la capacidad de tomar decisiones complejas de forma independiente, resulta esencial establecer mecanismos que garanticen la rendición de cuentas por sus acciones. Esto implica definir líneas claras de responsabilidad por los resultados generados por los algoritmos de IA, así como implantar procesos para rastrear y auditar el proceso de toma de decisiones. Sin estas medidas de rendición de cuentas, los riesgos de consecuencias imprevistas o resultados sesgados aumentan significativamente, poniendo en peligro la confianza y la aceptación de las tecnologías de IA en la sociedad. La transparencia en la toma de decisiones de la IA es igualmente importante, ya que permite conocer el funcionamiento interno de los algoritmos y los factores que influyen en sus resultados. Al comprender cómo llega la IA a sus decisiones, las partes interesadas pueden evaluar la fiabilidad e imparcialidad de los resultados, lo que aumenta la confianza en la tecnología. Los sistemas de IA transparentes también facilitan la identificación y mitigación de los sesgos que pueden influir inadvertidamente en los resultados de las decisiones. Gracias a la transparencia, los usuarios pueden conocer los datos, algoritmos y procesos utilizados por los sistemas de IA, lo que les permite evaluar la validez y las implicaciones éticas de las decisiones tomadas. Para lograr la responsabilidad y la transparencia en la toma de decisiones de la IA, es esencial establecer directrices y normas exhaustivas que rijan el desarrollo y el despliegue de las tecnologías de IA. Los marcos normativos deben esbozar las responsabilidades de los desarrolladores de IA, los usuarios y los organismos de supervisión, especificando los criterios para evaluar las implicaciones éticas y legales de las decisiones de IA. Deben establecerse mecanismos para supervisar y exigir el cumplimiento de estas normas, a fin de garantizar que los sistemas de IA funcionen de forma que defiendan los valores y las normas sociales. Fomentando una cultura de responsabilidad y transparencia, podemos aprovechar el potencial de la IA al tiempo que mitigamos los riesgos asociados a su proliferación incontrolada.

XXI. IA EN LA EDUCACIÓN Y EL APRENDIZAJE

En el ámbito de la educación y el aprendizaje, la integración de la IA tiene el potencial de revolucionar los métodos de enseñanza tradicionales. Con herramientas potenciadas por la IA, los educadores pueden personalizar las experiencias de aprendizaje, adaptando el plan de estudios al ritmo y las necesidades de cada alumno. Estos sistemas inteligentes pueden proporcionar información instantánea, permitiendo a los estudiantes seguir su progreso en tiempo real y hacer los ajustes necesarios para mejorar sus resultados de aprendizaje. Aprovechando el poder de la IA, las instituciones educativas pueden optimizar sus recursos, mejorar la eficacia y adaptar la educación a las exigencias de la era digital moderna. La tecnología de IA puede facilitar un entorno de aprendizaje más interactivo y atractivo, fomentando el pensamiento crítico, la creatividad y la capacidad de resolver problemas entre los alumnos. Las simulaciones de realidad virtual, los sistemas de tutoría inteligente y las plataformas en línea impulsadas por algoritmos de IA ofrecen experiencias de aprendizaje inmersivas y dinámicas que trascienden las limitaciones tradicionales de las aulas. A través de la IA, los estudiantes pueden acceder a una gran cantidad de recursos y herramientas educativas al alcance de su mano, mejorando su capacidad para explorar diversos temas, colaborar con sus compañeros y desarrollar una comprensión más profunda de temas complejos. Al adoptar la IA en la educación, las instituciones pueden abrir nuevas posibilidades para crear un ecosistema de aprendizaje más inclusivo y eficaz. A medida que la

IA sigue remodelando el panorama educativo, es importante tener en cuenta las implicaciones éticas y el impacto social de estos avances tecnológicos. Las preocupaciones sobre la privacidad de los datos, la parcialidad de los algoritmos y la posibilidad de que la IA sustituya a los educadores humanos deben abordarse mediante una regulación y unas directrices éticas bien pensadas. Los educadores, los responsables políticos y los tecnólogos deben colaborar para garantizar que la IA se despliegue de forma responsable, centrándose en mejorar los resultados del aprendizaje, promover la equidad y salvaguardar el bienestar de los estudiantes. Si navegamos por la compleja intersección de la IA y la educación con un marco ético claro, podremos aprovechar el poder transformador de la tecnología para crear un sistema educativo más equitativo y accesible para todos los alumnos.

Aprendizaje personalizado mediante IA

La IA tiene potencial para revolucionar el aprendizaje personalizado en la educación. Mediante el uso de algoritmos y análisis de datos, los sistemas de IA pueden crear rutas de aprendizaje personalizadas para cada alumno, adaptadas a su ritmo y estilos de aprendizaje individuales. Este enfoque personalizado puede mejorar enormemente el compromiso y la comprensión del alumno, ya que el material se presenta de un modo que resuene con él. La IA puede proporcionar información en tiempo real tanto a alumnos como a profesores, lo que permite realizar ajustes inmediatos para optimizar el proceso de aprendizaje. La IA también puede ayudar a identificar las áreas en las que los alumnos pueden tener dificultades y ofrecer recursos o apoyo adicionales para abordar estos retos. Al analizar grandes cantidades de datos sobre el rendimiento de los alumnos, la IA puede señalar áreas específicas de debilidad y ofrecer intervenciones específicas para ayudar a los alumnos a superar los obstáculos. Este enfoque proactivo del aprendizaje personalizado puede evitar que los alumnos se queden rezagados y garantizar que reciban el apoyo que necesitan para triunfar. Además de mejorar la experiencia de aprendizaje de los alumnos, la IA también puede beneficiar a los educadores agilizando las tareas administrativas y proporcionando información valiosa sobre el rendimiento de los alumnos. Al automatizar tareas rutinarias como la calificación y la planificación de las clases, los profesores pueden centrarse más en la enseñanza individualizada y la tutoría. La IA también puede ayudar a los educadores a identificar tendencias en los datos de los alumnos, permitiéndoles adaptar sus estrategias de enseñanza para satisfacer mejor las necesidades de sus alumnos. El aprendizaje personalizado mediante IA tiene el potencial de transformar el panorama educativo, creando experiencias de aprendizaje más atractivas y eficaces para los alumnos, al tiempo que apoya a los profesores en su papel crucial de facilitadores del conocimiento.

Tutores y asistentes educativos de IA

La integración de tutores de IA y asistentes educativos en el ámbito de la educación ha mostrado resultados prometedores en cuanto a experiencias de aprendizaje personalizadas. Estos sistemas inteligentes pueden adaptarse a las necesidades individuales de los alumnos, ofreciéndoles información personalizada y guiándoles a través de conceptos difíciles a su propio ritmo. Aprovechando los algoritmos de aprendizaje automático, los tutores de IA pueden analizar grandes cantidades de datos para identificar los puntos fuertes y débiles de cada alumno, lo que permite un enfoque más específico de la educación. Esta información personalizada fomenta una comprensión más profunda de la materia y, en última instancia, puede mejorar el rendimiento académico. Los tutores de IA también pueden desempeñar un papel crucial a la hora de abordar las disparidades educativas, proporcionando acceso a una enseñanza de alta calidad a los estudiantes de comunidades desfavorecidas. Con la capacidad de impartir lecciones personalizadas basadas en el estilo de aprendizaje único de cada estudiante, los tutores de IA tienen el potencial de nivelar el campo de juego y garantizar que todos los estudiantes reciban el apoyo que necesitan para tener éxito. Al ampliar el acceso a la educación personalizada, los tutores de IA pueden ayudar a salvar la distancia entre los alumnos privilegiados y los marginados, contribuyendo en última instancia a un sistema educativo más equitativo e inclusivo. Además de mejorar la experiencia de aprendizaje de los alumnos, los tutores y asistentes educativos de IA también pueden ayudar a los profesores automatizando las tareas administrativas y proporcionando información valiosa sobre el progreso de los alumnos. Al agilizar actividades rutinarias como la calificación de los trabajos y el seguimiento de la asistencia, los tutores de IA pueden liberar tiempo de los profesores para que se centren en interacciones más significativas con sus alumnos. Los datos generados por estos sistemas inteligentes pueden ofrecer información valiosa sobre los métodos de enseñanza y el rendimiento de los alumnos, permitiendo a los educadores tomar decisiones informadas y adaptar sus estrategias de enseñanza para satisfacer las necesidades de sus alumnos con mayor eficacia. Aprovechando la tecnología de IA en el aula, los profesores pueden mejorar sus prácticas docentes y crear un entorno de aprendizaje más atractivo y personalizado para sus alumnos.

Abordar la equidad y el acceso en la educación mejorada por la IA

En el ámbito de la educación mejorada por la IA, es fundamental abordar la equidad y el acceso para garantizar que todos los estudiantes puedan beneficiarse de los avances tecnológicos. Una forma de conseguirlo es mediante experiencias de aprendizaje personalizadas, en las que los algoritmos de IA pueden adaptarse a las necesidades individuales de los alumnos, atendiendo a los diversos estilos y capacidades de aprendizaje. Al adaptar la enseñanza de esta manera, los grupos marginados o los estudiantes con dificultades especiales pueden recibir apoyo específico, lo que en última instancia reduce las diferencias de rendimiento y fomenta la inclusión en el panorama educativo. La incorporación de herramientas de IA que proporcionen información y evaluación en tiempo real puede facultar a los educadores para intervenir rápidamente cuando los alumnos necesiten ayuda adicional, igualando así las condiciones y promoviendo la igualdad de acceso a una educación de calidad. Integrar la IA en la educación puede ayudar a abordar las disparidades de recursos y oportunidades entre distintas regiones o entornos socioeconómicos. Los tutores virtuales o las plataformas de aprendizaje en línea potenciados por la IA pueden ofrecer contenidos educativos a alumnos de zonas remotas donde el acceso a la escolarización tradicional puede ser limitado. Aprovechando las tecnologías de IA de este modo, se puede democratizar la educación, garantizando que alumnos de todas las clases sociales tengan la oportunidad de adquirir conocimientos y habilidades esenciales para el éxito en la era digital. Es fundamental abordar la aplicación de la IA en la educación de forma reflexiva, teniendo en cuenta las implicaciones éticas y los posibles sesgos que pueden perpetuar inadvertidamente las desigualdades si no se vigilan y abordan cuidadosamente. En la lucha por la equidad y el acceso en la educación mejorada por la IA, es imprescindible la colaboración entre los responsables políticos, los educadores, los tecnólogos y las comunidades. Establecer directrices claras y normas éticas para el desarrollo y despliegue de herramientas de IA en entornos educativos puede proteger contra consecuencias imprevistas y promover la equidad. Invertir en programas de formación que doten a los educadores de los conocimientos y habilidades necesarios para aprovechar eficazmente la IA puede maximizar sus beneficios y garantizar que todos los alumnos reciban una educación de alta calidad. Al fomentar una cultura de inclusión y accesibilidad en el ámbito de la educación mejorada por la IA, la sociedad puede allanar el camino hacia un futuro más equitativo y próspero para las generaciones venideras.

XXII. IA EN AGRICULTURA Y SEGURIDAD ALIMENTARIA

La IA en la agricultura y la seguridad alimentaria tiene el potencial de revolucionar la forma en que producimos y distribuimos los alimentos. Utilizando tecnologías de IA como drones, sensores y análisis predictivos, los agricultores pueden optimizar el rendimiento de sus cosechas, reducir los residuos y garantizar la calidad de los alimentos. Las plataformas impulsadas por la IA pueden controlar las condiciones del suelo, los patrones meteorológicos y la salud de los cultivos en tiempo real, proporcionando a los agricultores información valiosa para tomar decisiones basadas en datos. Esto no sólo mejora la eficiencia, sino que también promueve la sostenibilidad al minimizar el uso de recursos como el agua y los pesticidas. La IA puede desempeñar un papel crucial en la mejora de la seguridad alimentaria mundial. Se prevé que la población mundial alcance los 9.700 millones de personas en 2050, por lo que cada vez son más necesarias soluciones innovadoras para garantizar que todo el mundo tenga acceso a una dieta adecuada y nutritiva. Los algoritmos de IA pueden ayudar a identificar las ineficiencias de la cadena de suministro de alimentos, predecir la escasez de alimentos e incluso ayudar a desarrollar variedades de cultivos resistentes a la sequía. Aprovechando el poder de la IA en la agricultura, podemos abordar los retos de la inseguridad alimentaria y trabajar para conseguir un sistema alimentario más sostenible y equitativo para las generaciones futuras. Además de su impacto en la producción y la distribución, la IA en la agricultura y la seguridad alimentaria también puede mejorar la seguridad y la trazabilidad de los alimentos. Implementando sistemas basados en IA para rastrear los alimentos desde la granja hasta la mesa, podemos identificar y contener rápidamente las enfermedades transmitidas por los alimentos, reduciendo el riesgo de brotes y protegiendo la salud pública. Con la capacidad de la IA para analizar grandes cantidades de datos y detectar patrones, podemos mejorar las medidas de control de la calidad de los alimentos y garantizar que los consumidores tengan acceso a opciones alimentarias seguras y nutritivas. La integración de las tecnologías de IA en el sector agrícola puede aportar avances significativos en la seguridad alimentaria y allanar el camino hacia un futuro más sostenible.

Agricultura de precisión con tecnologías de IA

La agricultura de precisión se ha revolucionado gracias a la integración de las tecnologías de IA, permitiendo prácticas agrícolas más eficientes y sostenibles. Mediante el uso de sensores, drones y algoritmos de aprendizaje automático, los agricultores pueden ahora controlar la salud de los cultivos, optimizar el riego y predecir el rendimiento con una precisión sin precedentes. Este nivel de precisión no sólo maximiza la productividad, sino que también reduce los residuos, el impacto medioambiental y los costes operativos generales. Al aprovechar estas herramientas de IA, los agricultores pueden tomar decisiones basadas en datos en tiempo real, garantizando que los recursos se utilicen eficazmente y los cultivos se cultiven con un cuidado óptimo. Una ventaja clave de la IA en la agricultura de precisión es su capacidad para proporcionar ideas y recomendaciones personalizadas adaptadas a campos o cultivos específicos. Con la gran cantidad de datos recopilados y analizados por los sistemas de IA, los agricultores pueden ajustar sus operaciones para atender las necesidades únicas de cada parcela. Esta personalización no sólo aumenta el rendimiento de los cultivos, sino que también facilita la adopción de prácticas sostenibles que promueven la salud del suelo y la biodiversidad. Aprovechando el poder de la IA, los agricultores pueden alcanzar un nivel de precisión y eficiencia antes inimaginable, estableciendo un nuevo estándar para la agricultura moderna. La integración de las tecnologías de IA en la agricultura de precisión supone un paso importante hacia un ecosistema agrícola más conectado e inteligente. Mediante la utilización de dispositivos IoT y plataformas basadas en la nube, los agricultores pueden acceder a datos y perspectivas en tiempo real desde cualquier lugar, lo que permite la supervisión y gestión remotas de sus operaciones. Esta red interconectada de dispositivos inteligentes y algoritmos de IA no sólo mejora la productividad y la sostenibilidad, sino que también sienta las bases de un sector agrícola más resistente y adaptable. A medida que la IA sigue avanzando, el potencial de nuevas innovaciones en la agricultura de precisión es enorme, lo que promete un futuro en el que los agricultores puedan cultivar con precisión y previsión como nunca antes.

Aplicaciones de la IA en la gestión de la cadena alimentaria

Un área clave en la que la IA está logrando avances significativos es la gestión de la cadena de suministro alimentario. Con la capacidad de procesar grandes cantidades de datos de forma rápida y precisa, los sistemas de IA pueden optimizar la logística, la gestión de inventarios y el control de calidad, mejorando la eficiencia y reduciendo los residuos en la industria alimentaria. Los algoritmos impulsados por IA pueden prever la demanda basándose en datos históricos y tendencias actuales, lo que permite a los proveedores ajustar los niveles de producción en consecuencia. Esto no sólo ayuda a prevenir la escasez de alimentos, sino que también minimiza el exceso de existencias, ahorrando en última instancia recursos y reduciendo el impacto medioambiental. Las aplicaciones de la IA en la gestión de la cadena de suministro alimentario pueden mejorar la trazabilidad y la transparencia a lo largo de toda la cadena de suministro. Utilizando la tecnología blockchain, por ejemplo, las empresas pueden rastrear cada paso del proceso de producción, desde la granja hasta la mesa, garantizando la rendición de cuentas y la garantía de calidad. Este nivel de visibilidad no sólo fomenta la confianza entre consumidores y productores, sino que también permite responder más rápidamente a posibles problemas de seguridad alimentaria, salvaguardando en última instancia la salud pública. En una época en la que los consumidores están cada vez más preocupados por el origen y la calidad de sus alimentos, la IA ofrece una poderosa herramienta para satisfacer estas expectativas y garantizar una cadena de suministro alimentario más resistente y segura. Además de la eficiencia operativa y la transparencia, la IA también puede desempeñar un papel fundamental a la hora de abordar los retos de la sostenibilidad en la industria alimentaria. Al analizar los datos sobre el uso de recursos, la huella de carbono y las emisiones de la cadena de suministro, los sistemas de IA pueden ayudar a identificar oportunidades de reducción de residuos, ahorro de energía y gestión medioambiental en general. Con una población mundial en aumento y unos recursos naturales cada vez más limitados, aprovechar las tecnologías de IA en la gestión de la cadena de suministro alimentario no sólo es ventajoso desde el punto de vista empresarial, sino también esencial para promover la sostenibilidad y la resistencia a largo plazo frente a retos complejos como el cambio climático y la seguridad alimentaria.

Prácticas agrícolas sostenibles mediante la optimización de la IA

Las prácticas agrícolas sostenibles se optimizan cada vez más mediante la utilización de la IA. Mediante la aplicación de tecnologías de IA en la agricultura, los agricultores pueden beneficiarse del análisis predictivo para mejorar el rendimiento de los cultivos, reducir los residuos y optimizar la asignación de recursos. Los algoritmos de aprendizaje automático pueden analizar grandes cantidades de datos recogidos por sensores en el campo, como los niveles de humedad del suelo y los patrones meteorológicos, para proporcionar información y recomendaciones en tiempo real sobre prácticas agrícolas más eficientes. Este nivel de precisión y exactitud permite la aplicación de intervenciones específicas, lo que en última instancia conduce a un enfoque de la agricultura más sostenible y respetuoso con el medio ambiente. La optimización de la IA en las prácticas agrícolas sostenibles puede contribuir a minimizar el uso de insumos químicos, como pesticidas y fertilizantes. Aprovechando los sistemas impulsados por la IA, los agricultores pueden aplicar técnicas de agricultura de precisión dirigidas a zonas específicas del campo que necesitan tratamiento, en lugar de aplicar productos químicos de manera uniforme en todo el cultivo. Esto no sólo reduce el impacto medioambiental de las prácticas agrícolas, sino que también mejora la salud y el rendimiento general de los cultivos. Mediante la integración de las tecnologías de IA, los agricultores pueden avanzar hacia un modelo de agricultura más sostenible que priorice el equilibrio ecológico y la viabilidad a largo plazo. La aplicación de la IA en las prácticas agrícolas sostenibles tiene el potencial de revolucionar la forma en que se producen y distribuyen los alimentos en todo el mundo. Al optimizar la gestión de los recursos, minimizar los residuos y aumentar la productividad, las soluciones basadas en la IA pueden ayudar a afrontar los retos de la seguridad alimentaria y garantizar un sistema agrícola más sostenible para las generaciones futuras. Con el uso de herramientas de IA, los agricultores pueden tomar decisiones informadas basadas en datos, lo que conduce a una mayor eficiencia y rentabilidad. Este enfoque transformador de la agricultura no sólo beneficia a los agricultores individuales, sino que también contribuye al objetivo más amplio de lograr un sistema alimentario más sostenible y resistente a escala mundial.

XXIII. IA EN LOS SISTEMAS JURÍDICOS

Un ámbito en el que la integración de la IA ha mostrado un potencial significativo es el de los sistemas jurídicos. Las tecnologías de IA pueden examinar grandes cantidades de datos mucho más rápida y eficazmente que los humanos, ayudando en la investigación jurídica y el análisis de casos. Los algoritmos de aprendizaje automático pueden utilizarse para predecir resultados jurídicos basados en precedentes, ayudando a abogados y jueces a tomar decisiones más informadas. La IA puede ayudar en el análisis de contratos, señalando posibles problemas o discrepancias que los ojos humanos podrían haber pasado por alto. Al agilizar estos procesos, la IA no sólo puede ahorrar tiempo y recursos, sino también mejorar la precisión y coherencia de las evaluaciones jurídicas. La IA en los sistemas jurídicos también puede mejorar el acceso a la justicia proporcionando herramientas de asistencia jurídica a quienes no pueden permitirse los servicios jurídicos tradicionales. Los chatbots y los asistentes jurídicos virtuales pueden guiar a las personas a través de los procedimientos legales, explicarles sus derechos e incluso ayudarles a redactar documentos legales. Esto podría salvar la brecha existente en la representación legal de las comunidades marginadas, igualando las condiciones en las disputas legales. Es necesario abordar las preocupaciones relativas a la privacidad de los datos, la parcialidad de los algoritmos y el desplazamiento de puestos de trabajo en el sector jurídico para garantizar que la IA se aplica de forma responsable y ética en el ámbito jurídico. En el contexto de la singularidad tecnológica, la integración de la IA en los sistemas jurídicos plantea cuestiones cruciales sobre la responsabilidad y la supervisión. A medida que los sistemas de IA se vuelven más autónomos y capaces de tomar decisiones jurídicas complejas, la cuestión de quién es responsable de los errores o las violaciones éticas se vuelve primordial. Establecer directrices y normativas claras para el despliegue de la IA en los procedimientos judiciales es esencial para garantizar el respeto de los valores y derechos humanos. Es imperativo que los marcos jurídicos evolucionen junto con los avances tecnológicos para mantener la integridad y la imparcialidad del sistema jurídico en la era de la IA. Aprovechando el potencial de la IA y aplicando al mismo tiempo salvaguardias, el sector jurídico puede aprovechar las ventajas de la automatización y mantener al mismo tiempo los principios de justicia y acceso equitativo a los servicios jurídicos.

La IA en la investigación jurídica y el análisis de casos

La integración de la IA en la investigación jurídica y el análisis de casos ha revolucionado el campo del derecho. Mediante algoritmos avanzados y el procesamiento del lenguaje natural, los sistemas potenciados por la IA pueden examinar cantidades ingentes de documentos y precedentes jurídicos a una velocidad y con una precisión muy superiores a las capacidades humanas. Al analizar patrones y tendencias, la IA puede proporcionar información valiosa a abogados y jueces, ayudándoles a tomar decisiones más informadas. Esta eficacia no sólo ahorra tiempo, sino que también mejora la calidad y profundidad del análisis jurídico, lo que en última instancia conduce a argumentos y resultados jurídicos más sólidos. Las herramientas de IA pueden ayudar a predecir los resultados de los casos basándose en datos históricos e interpretaciones jurídicas, ofreciendo una valiosa orientación a los profesionales del derecho. Aprovechando las técnicas de aprendizaje automático, estos sistemas pueden identificar precedentes y estatutos relevantes, agilizar el proceso de investigación e incluso generar modelos predictivos para diversos escenarios jurídicos. Esta capacidad predictiva puede beneficiar significativamente a los profesionales del derecho a la hora de preparar argumentos, evaluar riesgos y desarrollar estrategias para sus casos. La IA puede mejorar la accesibilidad de la información y los conocimientos jurídicos, igualando las condiciones para las personas y organizaciones con recursos limitados, promoviendo así la equidad y la justicia en el sistema jurídico. La incorporación de la IA a la investigación jurídica y al análisis de casos representa un gran avance en la profesión jurídica. Al aprovechar el poder del aprendizaje automático y el procesamiento del lenguaje natural, los sistemas de IA pueden aumentar la toma de decisiones humana, mejorar la eficacia de la investigación jurídica y aumentar la calidad general de los servicios jurídicos. A medida que estas tecnologías siguen evolucionando y madurando, es crucial que los profesionales del derecho adopten las herramientas de IA como valiosas aliadas en su práctica, ayudándoles a navegar por las complejidades de los retos jurídicos modernos con mayor eficiencia y eficacia. La IA en la investigación jurídica y el análisis de casos tiene el potencial de remodelar el panorama jurídico, haciendo que los servicios jurídicos sean más accesibles, eficientes y equitativos para todas las partes interesadas.

Revisión y redacción automatizada de contratos

La revisión y redacción automatizadas de contratos han surgido como aplicaciones clave de la IA en el sector jurídico. Utilizando algoritmos de aprendizaje automático, estas herramientas pueden analizar eficazmente grandes volúmenes de documentos legales, identificar cláusulas clave e incluso generar borradores iniciales. Esta tecnología no sólo ahorra tiempo a los abogados, sino que también mejora la precisión y coherencia de los procesos de revisión de contratos. La redacción automatizada de contratos puede ayudar a agilizar las negociaciones, proporcionando información en tiempo real sobre los cambios propuestos, lo que permite cerrar acuerdos más rápidamente. A medida que la IA siga avanzando, podemos esperar nuevas mejoras en la gestión de contratos, lo que en última instancia transformará el panorama jurídico. La adopción de herramientas automatizadas de revisión y redacción de contratos plantea importantes consideraciones éticas y normativas. A medida que los sistemas de IA se vuelven más sofisticados, las cuestiones relativas a la responsabilidad y la transparencia pasan a primer plano. Es esencial establecer directrices claras para el uso de la IA en los procesos jurídicos, a fin de garantizar que las decisiones tomadas por estos sistemas se ajusten a las normas jurídicas y los principios éticos. Deben establecerse salvaguardias para proteger la información sensible y mantener la confidencialidad de los clientes. Si aborda estos retos de forma proactiva, el sector jurídico puede aprovechar las ventajas de la IA y, al mismo tiempo, mitigar los riesgos asociados a su aplicación. En el contexto de la singularidad tecnológica, la revisión y redacción automatizada de contratos representa un paso importante hacia la integración de la IA en diversos aspectos de la sociedad. A medida que estas herramientas se generalizan, es crucial que los profesionales del Derecho se adapten a este panorama cambiante. Adoptar la IA puede conducir a una mayor eficiencia y productividad, pero también requiere un nivel de comprensión y supervisión para garantizar que la tecnología se utiliza de forma responsable. Navegando por las complejidades de la integración de la IA con prudencia, el sector jurídico puede aprovechar su potencial para impulsar la innovación y mejorar la prestación de servicios jurídicos.

Consideraciones éticas en la toma de decisiones jurídicas asistida por IA

En la toma de decisiones jurídicas asistida por IA, las consideraciones éticas desempeñan un papel crucial para garantizar la imparcialidad y la responsabilidad. Una cuestión clave es la transparencia, ya que los algoritmos de IA a menudo funcionan como cajas negras, lo que hace difícil comprender cómo llegan a determinadas conclusiones. Esta falta de transparencia puede dar lugar a resultados desiguales o sesgados, sobre todo en asuntos jurídicos delicados. Es esencial establecer directrices claras para el desarrollo y el uso de la IA en el ámbito jurídico, garantizando que las decisiones sean explicables e imparciales. Al incorporar la transparencia en el diseño de los sistemas de IA, los profesionales del derecho pueden confiar y validar mejor los resultados generados por estas tecnologías. Otra consideración ética en la toma de decisiones jurídicas asistida por IA es la posibilidad de que se produzcan consecuencias imprevistas. Los algoritmos de IA se entrenan con datos históricos, que pueden contener sesgos o errores que perpetúen la discriminación en los procesos de toma de decisiones. Si las sentencias judiciales del pasado estaban sesgadas en contra de determinados grupos demográficos, los sistemas de IA entrenados con estos datos pueden seguir produciendo resultados discriminatorios.

Abordar estas cuestiones requiere una revisión exhaustiva de los datos de entrenamiento y una supervisión continua de los sistemas de IA para detectar y rectificar cualquier sesgo. Al identificar y mitigar proactivamente las consecuencias no deseadas, la comunidad jurídica puede garantizar que las tecnologías de IA respeten las normas éticas y promuevan la equidad en la toma de decisiones. Las implicaciones éticas de la IA en el ámbito jurídico se extienden a cuestiones de responsabilidad y rendición de cuentas. ¿Quién es responsable en última instancia de las decisiones tomadas por los sistemas de IA en contextos jurídicos? ¿Deben responder los desarrolladores, los usuarios o los propios algoritmos de los errores o daños causados por las decisiones asistidas por la IA? Estas complejas cuestiones ponen de relieve la necesidad de un marco que delimite claramente las funciones y responsabilidades en la toma de decisiones jurídicas asistidas por IA. Establecer unas líneas claras de responsabilidad puede ayudar a prevenir posibles usos indebidos o abusos de las tecnologías de IA, garantizando que se respeten las normas éticas y que los resultados jurídicos sean justos y equitativos. Al abordar estas consideraciones éticas, la comunidad jurídica puede aprovechar las ventajas de la IA y, al mismo tiempo, minimizar los riesgos asociados a su aplicación.

XXIV. IA EN EL DEPORTE Y ANÁLISIS DEL RENDIMIENTO

En el ámbito del deporte y el análisis del rendimiento, la IA ha abierto nuevas vías para que atletas, entrenadores y equipos mejoren sus capacidades y estrategias. Aprovechando los algoritmos de IA y las técnicas de aprendizaje automático, se pueden procesar grandes cantidades de datos en tiempo real para proporcionar información valiosa sobre el rendimiento de los atletas, la prevención de lesiones y las estrategias de juego. Las cámaras con IA pueden seguir los movimientos de los jugadores, analizar la biomecánica y predecir posibles lesiones basándose en patrones de movimiento, lo que permite a los equipos tomar decisiones informadas sobre las estrategias de entrenamiento y de juego. Este sofisticado nivel de análisis no sólo mejora el rendimiento, sino que también reduce el riesgo de lesiones, beneficiando en última instancia a los atletas y al equipo en su conjunto. El análisis del rendimiento basado en la IA puede revolucionar los procesos de ojeadores, identificando el talento en una fase temprana y prediciendo el éxito futuro basándose en datos. Los entrenadores y ojeadores pueden utilizar algoritmos de IA para evaluar las habilidades de los jugadores, sus capacidades cognitivas y su potencial de crecimiento, dándoles una ventaja competitiva en la adquisición de talentos y el desarrollo de jugadores. Al identificar los indicadores clave de rendimiento y las tendencias, la IA puede ayudar a optimizar los programas de entrenamiento, personalizar los planes de desarrollo de los jugadores y mejorar el rendimiento general del equipo. Este enfoque basado en datos para la identificación y el desarrollo de talentos no sólo ahorra tiempo y recursos, sino que también garantiza que los equipos tengan un conocimiento completo de las capacidades y el potencial de sus jugadores. La IA en el deporte puede mejorar la experiencia del aficionado proporcionándole información en tiempo real, experiencias interactivas y contenido personalizado. Las plataformas basadas en IA pueden analizar grandes cantidades de datos para ofrecer contenido personalizado a los aficionados, como resúmenes, estadísticas e información predictiva. Este nivel de compromiso no sólo aumenta la fidelidad de los aficionados, sino que también genera nuevas fuentes de ingresos para las organizaciones deportivas. Al aprovechar las tecnologías de IA, los equipos deportivos pueden crear experiencias inmersivas para los aficionados, optimizar las estrategias de marketing y fomentar las relaciones a largo plazo con su público. Esta relación simbiótica entre la IA, los deportes y los aficionados pone de relieve el potencial transformador de la tecnología para mejorar el ecosistema deportivo en general.

La IA en el entrenamiento deportivo y la optimización del rendimiento

La IA está revolucionando el entrenamiento deportivo y la optimización del rendimiento, proporcionando a atletas y entrenadores perspectivas y análisis sin precedentes. Los algoritmos de aprendizaje automático pueden procesar grandes cantidades de datos, desde las métricas de rendimiento de los jugadores hasta las tácticas de juego, para identificar patrones y tendencias que pueden conducir a mejoras significativas. Los sistemas impulsados por IA pueden seguir los movimientos de los atletas en tiempo real, ofreciendo información instantánea sobre la técnica y sugiriendo programas de entrenamiento personalizados adaptados a los puntos fuertes y débiles de cada uno. Este nivel de orientación personalizada puede ayudar a los atletas a alcanzar todo su potencial y optimizar su rendimiento como nunca antes. La tecnología de IA está mejorando la prevención de lesiones y las estrategias de recuperación en el deporte mediante el control de los datos biométricos de los atletas y la predicción de riesgos potenciales. Analizando factores como los niveles de fatiga, la variabilidad de la frecuencia cardiaca y la biomecánica, los algoritmos de IA pueden alertar a los entrenadores y al personal médico de signos de sobreentrenamiento o de susceptibilidad a las lesiones antes de que se conviertan en problemas graves. Este enfoque proactivo no sólo minimiza el tiempo de inactividad de los deportistas, sino que también contribuye a la sostenibilidad a largo plazo y a la longevidad de la carrera. De este modo, la IA no sólo mejora el rendimiento en el campo, sino que también salvaguarda la salud y el bienestar de los atletas fuera del campo. El uso de la IA en el deporte se ha extendido más allá del análisis individual de los jugadores a la estrategia de los equipos y la planificación de los partidos. Al simular innumerables escenarios de juego y optimizar las jugadas basándose en datos, la IA puede ayudar a los entrenadores a tomar decisiones más informadas durante los partidos. Esta ventaja estratégica puede ser crucial en competiciones de alto riesgo, en las que decisiones tomadas en fracciones de segundo pueden determinar el resultado de un partido. A medida que la IA sigue evolucionando y perfeccionando sus capacidades predictivas, está remodelando la forma de enfocar, entrenar y practicar los deportes a todos los niveles, estableciendo nuevos estándares de excelencia e innovación en el sector.

Análisis de datos y modelos predictivos en el deporte

Si examinamos más de cerca el impacto de la analítica de datos y los modelos predictivos en el deporte, resulta evidente que estas tecnologías están revolucionando la forma en que los atletas se entrenan, los equipos elaboran estrategias y los aficionados se implican en el juego. Mediante el análisis de grandes cantidades de datos, desde las estadísticas de rendimiento de los jugadores hasta las condiciones de juego, los entrenadores y analistas pueden obtener información valiosa sobre pautas y tendencias que antes les resultaban esquivas. Este enfoque basado en los datos no sólo mejora el rendimiento de los jugadores y los equipos, sino que también enriquece la experiencia general de los aficionados al proporcionar análisis y predicciones en profundidad. El análisis de datos y los modelos predictivos en el deporte tienen el potencial de igualar las condiciones de juego democratizando el acceso a información crucial. Con la ayuda de algoritmos avanzados y técnicas de aprendizaje automático, los equipos más pequeños o con menos recursos pueden ahora competir con los más grandes y consolidados en un terreno más igualado. Esto tiene el doble efecto de promover la equidad en el sector y de ampliar los límites de la innovación, ya que los equipos buscan nuevas formas de obtener una ventaja competitiva. El poder transformador de estas tecnologías está remodelando los paradigmas tradicionales del deporte, dando lugar a un panorama más dinámico y evolutivo. Además de mejorar el rendimiento y la competitividad, la integración de la analítica de datos y los modelos predictivos en el deporte plantea consideraciones éticas sobre el uso de los datos personales y la privacidad. A medida que aumenta la cantidad de datos recopilados sobre deportistas y aficionados, surgen preguntas sobre quién tiene acceso a esta información, cómo se utiliza y las posibles implicaciones para los derechos de privacidad individual. Es crucial que las organizaciones deportivas establezcan directrices claras y normas éticas para garantizar que estas tecnologías se emplean de forma responsable y rindiendo cuentas, salvaguardando los derechos y el bienestar de todas las partes implicadas en el ecosistema deportivo.

Implicaciones éticas de la IA en la competición deportiva

Uno de los ámbitos en los que las implicaciones éticas de la IA son especialmente relevantes es el de la competición deportiva. A medida que la tecnología de IA se integra más en los deportes, surgen cuestiones relativas a la imparcialidad, la privacidad y el potencial para mejorar el rendimiento. El uso de análisis impulsados por la IA en la exploración y la evaluación del rendimiento de los jugadores puede proporcionar una ventaja injusta a los equipos con mayores recursos. Esto plantea problemas de equidad en la competición deportiva, así como la necesidad de una normativa que garantice la igualdad de condiciones para todos los deportistas. La implantación de la IA en el deporte plantea problemas de privacidad relacionados con la recopilación y el uso de los datos de los deportistas. A medida que los sistemas de IA recopilan grandes cantidades de información sobre el rendimiento y la salud individuales, surgen preguntas sobre a quién pertenecen estos datos y cómo deben utilizarse. Garantizar que los atletas tengan control sobre su información personal y que se utilice de forma ética y responsable es crucial para mantener la confianza y la integridad en el deporte. La transparencia en el manejo de los datos es esencial para abordar estos retos éticos y evitar posibles abusos en la industria del deporte, cada vez más impulsada por los datos. El uso de la IA en las competiciones deportivas podría suscitar inquietudes sobre la autenticidad y la integridad del propio juego. Con la posibilidad de que la IA mejore las habilidades de los atletas o incluso los sustituya por homólogos virtuales, podrían cuestionarse los principios fundamentales del juego limpio y la agencia humana. A medida que los avances de la IA siguen ampliando los límites de lo que es posible en el deporte, es fundamental establecer directrices éticas claras para garantizar que se mantiene el espíritu de la competición y que no se pone a los atletas en situaciones comprometidas. Al abordar estas implicaciones éticas de forma proactiva, la industria del deporte puede aprovechar las ventajas de la IA y salvaguardar al mismo tiempo los valores fundamentales que definen la esencia de la competición deportiva.

XXV. IA EN LA RESPUESTA Y GESTIÓN DE CATÁSTROFES

En el ámbito de la respuesta y la gestión de catástrofes, la IA desempeña cada vez más un papel crucial en la mejora de la eficiencia y la eficacia. Los sistemas impulsados por IA pueden analizar grandes cantidades de datos en tiempo real, permitiendo una toma de decisiones más rápida en situaciones de emergencia. La IA puede ayudar a predecir la trayectoria de huracanes o incendios forestales, permitiendo a las autoridades evacuar a la población con mayor precisión y puntualidad. Los drones impulsados por IA pueden evaluar los daños tras una catástrofe, proporcionando información valiosa para ayudar en los esfuerzos de respuesta. Aprovechando las tecnologías de IA, los equipos de respuesta ante catástrofes pueden optimizar la asignación de recursos y la coordinación, salvando en última instancia más vidas y reduciendo el impacto de las catástrofes. Los algoritmos de IA pueden mejorar los sistemas de alerta temprana detectando pautas y anomalías que los operadores humanos podrían pasar por alto. Los modelos de aprendizaje automático pueden analizar los datos de las redes sociales para identificar las zonas de aflicción durante las catástrofes, lo que permite dirigir los esfuerzos de respuesta. La IA puede ayudar a optimizar la logística de la cadena de suministro durante las crisis, garantizando que los recursos esenciales lleguen rápidamente a las zonas afectadas. Al automatizar las tareas repetitivas y facilitar la toma de decisiones basada en datos, la IA permite a los equipos de gestión de catástrofes centrarse en la planificación estratégica y la resolución de problemas, mejorando así las capacidades generales de respuesta. A pesar de las claras ventajas de integrar la IA en la respuesta y la gestión de catástrofes, deben examinarse detenidamente las consideraciones éticas. Deben abordarse cuestiones como la privacidad de los datos, el sesgo de los algoritmos y la responsabilidad en los procesos de toma de decisiones, para garantizar que las tecnologías de IA sirven al interés público. Es esencial establecer directrices éticas y marcos normativos que rijan el uso de la IA en situaciones de catástrofe, fomentando la transparencia y la responsabilidad. Fomentando una cultura de despliegue responsable de la IA, las partes interesadas pueden aprovechar todo el potencial de estas tecnologías, al tiempo que se protegen de los posibles riesgos y garantizan que los valores humanos sigan estando en el primer plano de los procesos de toma de decisiones.

IA para sistemas de alerta rápida y predicción de catástrofes

En el ámbito de la predicción de catástrofes y los sistemas de alerta temprana, la IA ha surgido como una poderosa herramienta capaz de analizar grandes cantidades de datos para detectar patrones y señales que puedan indicar una catástrofe inminente. Aprovechando los algoritmos de aprendizaje automático, la IA puede cribar diversas fuentes de datos, como imágenes por satélite, fuentes de redes sociales y datos de sensores, para proporcionar alertas y previsiones oportunas. En el caso de catástrofes naturales como huracanes o incendios forestales, la IA puede ayudar a predecir la trayectoria de la destrucción, permitiendo a las autoridades evacuar a las poblaciones en riesgo y asignar los recursos de forma más eficiente. El uso de la IA para los sistemas de alerta precoz va más allá de las catástrofes naturales e incluye las crisis provocadas por el hombre, como los ciberataques o las amenazas terroristas. Controlando el tráfico de la red y analizando los patrones de comportamiento malicioso, la IA puede detectar posibles brechas de seguridad o ataques inminentes antes de que se produzcan. Este enfoque proactivo puede mejorar significativamente las medidas de ciberseguridad y ayudar a prevenir interrupciones devastadoras en infraestructuras y sistemas críticos. Las capacidades predictivas de la IA en tales escenarios tienen el potencial de salvar vidas y salvaguardar la estabilidad de la sociedad frente a las crecientes amenazas digitales. Aunque la IA es muy prometedora para mejorar los sistemas de alerta temprana y la predicción de catástrofes, es crucial abordar las consideraciones éticas y las posibles limitaciones. Garantizar la transparencia y la responsabilidad en el desarrollo y despliegue de las tecnologías de IA es primordial para generar confianza entre las partes interesadas y las comunidades. Deben establecerse salvaguardias para mitigar los sesgos en los algoritmos de IA que podrían propagar inadvertidamente resultados perjudiciales o exacerbar las vulnerabilidades existentes. Navegando por estas complejidades con previsión y responsabilidad, la IA puede seguir avanzando como un aliado fiable en la protección contra desastres imprevistos y el apoyo a la resiliencia colectiva en un mundo en constante cambio.

Coordinación de la respuesta de emergencia con la IA

Un área en la que la integración de la IA está demostrando ser muy beneficiosa es la coordinación de la respuesta a emergencias. Con la capacidad de analizar cantidades masivas de datos en tiempo real, los sistemas de IA pueden ayudar a los equipos de respuesta a emergencias a tomar decisiones más rápidas e informadas durante las crisis. Los algoritmos potenciados por IA pueden procesar datos de diversas fuentes, como medios sociales, sensores y redes de comunicación, para identificar patrones y predecir dónde se necesitan más recursos. Esto puede conducir a un despliegue más eficaz del personal y los equipos, salvando vidas en última instancia y reduciendo el impacto de las catástrofes en las comunidades afectadas. La IA puede ayudar a mejorar la comunicación y la colaboración entre los distintos organismos implicados en la respuesta a emergencias. Al proporcionar una plataforma centralizada para compartir información y coordinar esfuerzos, la IA puede ayudar a garantizar que todas las partes interesadas estén de acuerdo y trabajen para alcanzar objetivos comunes. Esto puede ser especialmente crucial en situaciones en las que varias organizaciones tienen que trabajar juntas a la perfección, como durante catástrofes naturales o emergencias a gran escala. Los sistemas de IA pueden facilitar el intercambio de información crítica, permitir actualizaciones en tiempo real y mejorar el conocimiento general de la situación, lo que conduce a una respuesta más coordinada y eficaz. Aunque los beneficios potenciales de integrar la IA en la coordinación de la respuesta a emergencias son significativos, también hay consideraciones importantes a tener en cuenta. Los problemas de privacidad y seguridad de los datos, las implicaciones éticas de la toma de decisiones con IA y la necesidad de supervisión humana para garantizar la responsabilidad son cuestiones críticas que deben abordarse. Es esencial que las organizaciones apliquen políticas y protocolos sólidos para protegerse de los posibles riesgos y garantizar que la IA se utiliza de forma responsable y ética en los entornos de respuesta a emergencias. Al encontrar un equilibrio entre el aprovechamiento de las capacidades de la IA y la promoción del juicio y el control humanos, podemos aprovechar el poder de la tecnología para mejorar la preparación y los esfuerzos de respuesta ante emergencias.

Consideraciones éticas en el despliegue de la IA durante las crisis

En el despliegue de la IA durante las crisis, las consideraciones éticas desempeñan un papel crucial para garantizar que las decisiones tomadas por los sistemas de IA se ajusten a los valores humanos y a las normas sociales. Una preocupación ética clave es la posible parcialidad de los algoritmos de IA, que puede perpetuar las desigualdades existentes o las prácticas discriminatorias. En el contexto de la respuesta a emergencias, un sistema de IA puede dar prioridad a ciertas poblaciones sobre otras basándose en datos sesgados, lo que daría lugar a un trato injusto durante una crisis. Es esencial que los desarrolladores apliquen salvaguardias contra la parcialidad, como datos de entrenamiento diversos y auditorías periódicas, para mantener las normas éticas en el despliegue de la IA. Otra consideración ética en el despliegue de la IA durante las crisis es la cuestión de la transparencia y la responsabilidad. A medida que los sistemas de IA se hacen más complejos y autónomos, puede resultar difícil comprender cómo se toman las decisiones y quién es responsable de sus resultados. En una situación de crisis, en la que las decisiones rápidas y precisas son vitales, la transparencia es clave para garantizar que las partes interesadas puedan confiar en que los sistemas de IA actúan en el mejor interés de los afectados. Establecer líneas claras de responsabilidad y procesos transparentes de toma de decisiones puede ayudar a abordar las preocupaciones éticas y a generar confianza pública en el uso de la IA durante las crisis. El potencial de consecuencias imprevistas en el despliegue de la IA plantea dilemas éticos que deben considerarse cuidadosamente. Aunque los sistemas de IA pueden ofrecer valiosos conocimientos y apoyo en la gestión de crisis, siempre existe el riesgo de que se produzcan resultados imprevistos o daños no deseados. En el caso de utilizar la IA para el análisis predictivo durante una catástrofe natural, pueden producirse efectos negativos no deseados en las comunidades vulnerables si las predicciones son inexactas o se interpretan mal. Deben establecerse marcos éticos y protocolos de evaluación de riesgos para prever y mitigar los posibles daños, garantizando que el despliegue de la IA durante las crisis priorice el bienestar y la seguridad de todas las personas implicadas.

XXVI. IA EN RETAIL Y EXPERIENCIA DEL CLIENTE

En el sector minorista, la integración de tecnologías de IA ha revolucionado la experiencia del cliente. Mediante recomendaciones personalizadas basadas en el análisis de datos, la IA puede anticipar las preferencias de los consumidores y adaptar las ofertas a los gustos individuales. Este nivel de personalización no sólo mejora la satisfacción del cliente, sino que también aumenta la fidelidad a la marca e impulsa las ventas. Con los chatbots potenciados por la IA que gestionan las consultas de los clientes y proporcionan asistencia en tiempo real, los minoristas pueden ofrecer ayuda las 24 horas del día, mejorando la calidad y la eficiencia generales del servicio. Aprovechando el análisis predictivo, los minoristas pueden optimizar la gestión del inventario, garantizando que los productos estén disponibles cuando y donde se necesiten, minimizando las roturas de stock y maximizando la rentabilidad. La IA permite a los minoristas aplicar estrategias de precios dinámicas, ajustando los precios en tiempo real en función de la demanda del mercado y los precios de la competencia. Esta flexibilidad permite a los minoristas maximizar los ingresos sin dejar de ser competitivos en un mercado que avanza a un ritmo vertiginoso. La tecnología de reconocimiento de imágenes impulsada por IA facilita experiencias de pago sin fisuras a través de tiendas sin cajeros, eliminando la necesidad de sistemas tradicionales de punto de venta y agilizando el proceso de compra. Al automatizar las tareas rutinarias, como el recuento del inventario y la reposición de los estantes, la IA libera a los empleados humanos para que se centren en actividades de mayor valor, como la captación de clientes y la toma de decisiones estratégicas, mejorando en última instancia la eficiencia operativa e impulsando el crecimiento empresarial. Aunque la integración de la IA en el comercio minorista ofrece ventajas sustanciales, también plantea problemas de privacidad y seguridad de los datos. A medida que los sistemas de IA recopilan grandes cantidades de datos de clientes para ofrecer experiencias personalizadas, garantizar la protección de la información sensible se convierte en algo primordial. Los minoristas deben dar prioridad a las medidas de ciberseguridad para salvaguardar los datos de los clientes de posibles violaciones o usos indebidos. Las consideraciones éticas en torno al uso de la IA para influir en el comportamiento y la toma de decisiones de los consumidores deben abordarse cuidadosamente para generar confianza y mantener la transparencia con los clientes. Si afrontan estos retos con prudencia y responsabilidad, los minoristas pueden aprovechar todo el potencial de la IA para mejorar la experiencia del cliente, respetando al mismo tiempo las normas éticas y fomentando relaciones a largo plazo con los consumidores.

Experiencias de compra personalizadas con IA

Las experiencias de compra personalizadas con IA se han convertido en un cambio de juego en el sector minorista, ofreciendo a los consumidores recomendaciones a medida basadas en sus preferencias y comportamientos anteriores. Aprovechando el análisis de datos y los algoritmos de aprendizaje automático, la IA puede anticiparse a las necesidades del cliente y ofrecer sugerencias de productos relevantes en tiempo real. Este nivel de personalización no sólo mejora la experiencia de compra, sino que también aumenta las tasas de conversión de ventas, ya que es más probable que los clientes realicen una compra cuando se les presentan artículos que se ajustan a sus gustos individuales. La IA puede agilizar todo el proceso de compra, desde el descubrimiento del producto hasta el pago, automatizando las tareas repetitivas y simplificando los procesos de toma de decisiones. Los asistentes virtuales de compras basados en IA pueden ayudar a los clientes a encontrar los productos adecuados, responder a sus preguntas e incluso procesar los pagos sin problemas. Este nivel de comodidad y eficacia no sólo ahorra tiempo a los consumidores, sino que también aumenta la eficacia operativa de los minoristas, lo que se traduce en una mayor satisfacción y fidelidad de los clientes. A pesar de las numerosas ventajas de las experiencias de compra personalizadas impulsadas por la IA, existe preocupación por la privacidad y la seguridad de los datos. Como los algoritmos de IA se basan en grandes cantidades de datos de los consumidores para ofrecer recomendaciones personalizadas, existe un mayor riesgo de violación de datos y de acceso no autorizado. Las implicaciones éticas del uso de la IA para influir en el comportamiento de los consumidores y moldear las decisiones de compra también plantean cuestiones sobre la transparencia y el consentimiento. A medida que la IA sigue revolucionando el panorama del comercio minorista, es esencial que las empresas den prioridad a las medidas de protección de datos y establezcan directrices claras para garantizar el uso ético de la IA en las experiencias de compra personalizadas.

Gestión de inventarios y optimización de la cadena de suministro basadas en IA

La gestión de inventarios y la optimización de la cadena de suministro impulsadas por la IA han revolucionado la forma de operar de las empresas en el vertiginoso mercado global actual. Mediante el uso de algoritmos avanzados y análisis predictivos, los sistemas de IA pueden prever con precisión la demanda, optimizar los niveles de inventario y agilizar los procesos logísticos. Esto ha supuesto un importante ahorro de costes para las empresas y una mayor satisfacción de los clientes gracias a una mejor disponibilidad de los productos. Empresas como Amazon han utilizado sistemas basados en IA para analizar datos históricos de ventas, tendencias del mercado e incluso previsiones meteorológicas, con el fin de asegurarse de que tienen los productos adecuados en la cantidad adecuada y en el momento oportuno. Una de las principales ventajas de la gestión de inventarios basada en la IA es su capacidad para adaptarse en tiempo real a los cambios en la demanda o a las interrupciones de la cadena de suministro. Los métodos tradicionales a menudo tienen dificultades para responder rápidamente a acontecimientos inesperados, lo que provoca un exceso de existencias o desabastecimientos. Los sistemas de IA, en cambio, pueden supervisar continuamente los flujos de datos y hacer ajustes sobre la marcha, optimizando los niveles de inventario y minimizando el riesgo de exceso de existencias o falta de existencias. Esta agilidad es crucial en el volátil entorno empresarial actual, en el que las empresas necesitan ser flexibles y responder a la dinámica del mercado para seguir siendo competitivas. La gestión de inventarios impulsada por la IA no sólo mejora la eficiencia operativa, sino que también permite a las empresas tomar decisiones empresariales más estratégicas. Al proporcionar información sobre patrones de demanda, estacionalidad y preferencias de los clientes, los sistemas de IA pueden ayudar a las empresas a alinear sus estrategias de cadena de suministro con las tendencias del mercado y mejorar el rendimiento empresarial general. Este enfoque proactivo permite a las organizaciones anticiparse a la demanda futura, optimizar los programas de producción y, en última instancia, aumentar la rentabilidad. A medida que la tecnología de IA siga evolucionando, el potencial de optimización y mejora de la eficiencia en la gestión del inventario y la cadena de suministro no hará sino aumentar.

Preocupación por la privacidad y seguridad de los datos en el comercio minorista impulsado por la IA

Las preocupaciones sobre la privacidad y la seguridad de los datos en el comercio minorista impulsado por la IA son cada vez más frecuentes a medida que las empresas aprovechan las tecnologías avanzadas para personalizar las experiencias de los clientes. Con la gran cantidad de datos que se recopilan, almacenan y analizan en tiempo real, existe una creciente aprensión sobre cómo se utiliza y protege esta información. Los clientes están legítimamente preocupados por las posibles violaciones de sus datos personales y la posibilidad de que caigan en manos equivocadas. Los minoristas deben abordar estas preocupaciones sobre la privacidad aplicando medidas de seguridad sólidas, protocolos de encriptación y prácticas transparentes de tratamiento de datos para generar confianza en sus clientes. Las tecnologías de IA en el comercio minorista pueden infringir inadvertidamente la privacidad de los consumidores al utilizar algoritmos que se dirigen a las personas en función de su comportamiento y preferencias en línea. Esto plantea cuestiones éticas sobre hasta qué punto se debe permitir a las empresas rastrear y analizar los datos de los clientes sin su consentimiento explícito. A medida que los sistemas de IA se vuelven más sofisticados a la hora de predecir el comportamiento de los consumidores, existe una delgada línea entre ofrecer recomendaciones personalizadas e invadir la privacidad de las personas. Deben establecerse normativas y directrices que garanticen que la recogida y utilización de datos se ajustan a normas éticas y respetan los derechos de privacidad de los consumidores. A la luz de estas preocupaciones sobre la privacidad, la integración de la IA en el comercio minorista debe dar prioridad a las medidas de seguridad de los datos y de protección de la privacidad. Los minoristas deben ser transparentes sobre los datos que recopilan, cómo se utilizan y proporcionar a los consumidores el control sobre su información personal. La aplicación de tecnologías que mejoren la privacidad, como la privacidad diferencial y el aprendizaje federado, puede mitigar los riesgos para la privacidad sin dejar de extraer información valiosa de los datos. A medida que la tecnología sigue avanzando, es crucial que los minoristas mantengan unas normas éticas, den prioridad a la privacidad de los consumidores y fomenten una cultura de confianza en el panorama minorista impulsado por la IA.

XXVII. IA EN EL TRANSPORTE Y LOS VEHÍCULOS AUTÓNOMOS

En el ámbito del transporte, la integración de la IA ha allanado el camino para avances significativos, sobre todo en el desarrollo de vehículos autónomos. Mediante el uso de sofisticados algoritmos y sistemas de sensores, los coches dotados de IA pueden navegar por las carreteras, interpretar las señales de tráfico y reaccionar ante situaciones impredecibles con notable precisión. Esta tecnología tiene el potencial de revolucionar la forma en que nos desplazamos, ofreciendo mayor seguridad, eficiencia y comodidad a los pasajeros. Como ocurre con cualquier innovación disruptiva, la adopción generalizada de vehículos autónomos plantea complejas consideraciones éticas y normativas que deben abordarse cuidadosamente. Uno de los principales beneficios de la IA en el transporte es la posibilidad de reducir el error humano, que es una de las principales causas de accidentes en la carretera. Al basarse en algoritmos que pueden procesar grandes cantidades de datos en tiempo real, los vehículos autónomos tienen la capacidad de tomar decisiones en fracciones de segundo que priorizan la seguridad y minimizan el riesgo de colisiones. Esto no sólo mejora la experiencia general de conducción, sino que también tiene el potencial de salvar innumerables vidas al mitigar el impacto de la falibilidad humana. La integración de la IA en el transporte puede ayudar a aliviar la congestión del tráfico y optimizar las rutas, lo que conduce a un uso más eficiente de los recursos y a la reducción de las emisiones de carbono. A pesar de los prometedores avances en el transporte con IA, también existen preocupaciones en torno a cuestiones como la privacidad de los datos, la ciberseguridad y el posible desplazamiento de puestos de trabajo en la industria automovilística tradicional. A medida que los vehículos autónomos se hacen más frecuentes en las carreteras, se necesitan marcos reguladores sólidos para garantizar que estas tecnologías se despliegan de una manera que da prioridad a la seguridad pública y respeta los derechos de privacidad individual. Las partes interesadas deben considerar las implicaciones socioeconómicas de la automatización generalizada en el transporte, incluida la necesidad de programas de reciclaje para ayudar a los trabajadores en la transición a nuevas funciones en una industria en rápida evolución. Si abordamos estos retos de forma proactiva, podremos aprovechar todo el potencial de la IA en el transporte, al tiempo que mitigamos sus consecuencias imprevistas.

La IA en la gestión del tráfico y la optimización de rutas

La IA en la gestión del tráfico y la optimización de rutas tiene el potencial de revolucionar la forma en que navegamos por nuestras ciudades y redes de transporte. Aplicando algoritmos avanzados y análisis de datos en tiempo real, los sistemas de IA pueden predecir pautas de tráfico, detectar atascos y sugerir rutas alternativas para optimizar el tiempo de viaje. Esto no sólo reduce la congestión y la contaminación atmosférica, sino que también mejora la eficiencia general de los sistemas de transporte. Con la integración de la IA, la gestión del tráfico puede ser más sensible y adaptable a las condiciones cambiantes, mejorando la experiencia general del usuario para viajeros y conductores. La optimización de rutas basada en la IA puede tener un impacto significativo en la reducción del consumo de combustible y de las emisiones de gases de efecto invernadero. Al calcular las rutas más eficientes desde el punto de vista del combustible basándose en diversos factores como el volumen de tráfico, las condiciones de la carretera y el rendimiento del vehículo, los sistemas de IA pueden ayudar a minimizar el impacto medioambiental del transporte. En un mundo en el que la sostenibilidad y la conservación del medio ambiente son primordiales, la implantación de la IA en la gestión del tráfico se alinea con los esfuerzos mundiales para reducir las emisiones de carbono y combatir el cambio climático. Esto no sólo beneficia al medio ambiente, sino que también contribuye a crear un entorno urbano más sostenible y habitable para las generaciones futuras. Además de los beneficios medioambientales y de eficiencia, la IA en la gestión del tráfico también mejora la seguridad al identificar los riesgos y peligros potenciales en la carretera. Mediante la supervisión y el análisis en tiempo real de las condiciones del tráfico, los sistemas de IA pueden alertar proactivamente a los conductores de peligros como accidentes, zonas en obras o condiciones meteorológicas adversas. Este enfoque proactivo de la seguridad no sólo reduce la probabilidad de accidentes, sino que también mejora los tiempos de respuesta ante emergencias, salvando vidas en última instancia. Aprovechando la tecnología de IA en la gestión del tráfico y la optimización de rutas, las ciudades pueden crear sistemas de transporte más seguros, sostenibles y eficientes en beneficio de todos los residentes.

Desarrollo de vehículos autónomos con tecnología de IA

El desarrollo de vehículos autónomos, integrados con tecnología avanzada de IA, representa un hito importante en la evolución del transporte. Estos vehículos se basan en una compleja red de sensores, algoritmos y capacidades de aprendizaje automático para navegar y tomar decisiones en tiempo real. La implementación de la IA en los vehículos autónomos permite respuestas adaptativas a las condiciones cambiantes de la carretera y a los obstáculos inesperados, mejorando la seguridad general y la eficiencia en las carreteras. Con la capacidad de aprender de experiencias pasadas y mejorar el rendimiento con el tiempo, los vehículos autónomos están preparados para revolucionar la forma en que viajamos. En el ámbito de los vehículos autónomos, la tecnología de IA desempeña un papel crucial en la configuración del futuro de la movilidad. La integración de la IA permite a los vehículos comunicarse entre sí y con infraestructuras inteligentes, creando un ecosistema de transporte dinámico e interconectado. Esta interconexión tiene el potencial de reducir la congestión del tráfico, aumentar la eficiencia del combustible y optimizar las rutas de viaje, dando lugar a un sistema de transporte más sostenible y fácil de usar. A medida que la IA siga evolucionando, se espera que los vehículos autónomos sean más fiables, seguros y rentables, convirtiéndolos en una opción viable para su adopción generalizada. A medida que los vehículos autónomos con tecnología de IA se hacen más frecuentes en nuestras carreteras, es imperativo abordar los retos éticos y normativos que conlleva su despliegue generalizado. Cuestiones como la privacidad de los datos, la responsabilidad en caso de accidente y el impacto en las industrias de transporte tradicionales deben considerarse y abordarse cuidadosamente. Garantizar que estos vehículos se programen con marcos éticos de toma de decisiones y se adhieran a normas de seguridad estrictas es esencial para crear confianza y aceptación por parte del público. Abordando proactivamente estas cuestiones, podemos allanar el camino hacia un futuro en el que los vehículos autónomos coexistan armoniosamente con otros modos de transporte, beneficiando a la sociedad en su conjunto.

Desafíos legales y éticos en los sistemas de transporte impulsados por IA

En los sistemas de transporte impulsados por IA, abundan los retos legales y éticos a medida que la tecnología avanza rápidamente. Una preocupación importante es la cuestión de la responsabilidad en caso de accidentes con vehículos autónomos. Las leyes actuales no están preparadas para asignar responsabilidades cuando los sistemas de IA toman decisiones de forma autónoma, lo que deja interrogantes sobre quién debe responder en caso de daños. Existen dilemas éticos en torno a la programación de algoritmos de IA, con preocupaciones sobre los sesgos que pueden incorporarse inadvertidamente a los procesos de toma de decisiones. Garantizar que estos sistemas sean justos y equitativos en sus operaciones supone un reto importante tanto para los reguladores como para los desarrolladores. La privacidad y la protección de datos son cuestiones críticas en los sistemas de transporte impulsados por la IA. Con la recopilación de grandes cantidades de datos sobre los movimientos y preferencias de las personas, existe el riesgo de que esta información se utilice indebidamente o se explote. Garantizar la existencia de salvaguardias adecuadas para proteger los datos de los usuarios frente a violaciones o accesos no autorizados es crucial para mantener la confianza en estos sistemas. El potencial de vigilancia y seguimiento suscita preocupación por la erosión de las libertades y derechos personales en una sociedad en la que la IA está omnipresente en el transporte. Deben considerarse cuidadosamente las implicaciones éticas del desplazamiento de puestos de trabajo en el sector del transporte debido a la automatización. A medida que las tecnologías impulsadas por la IA sustituyan a las funciones tradicionales, existe el riesgo de que se generalice el desempleo y se produzcan trastornos económicos. Para mitigar los efectos negativos de la automatización en la sociedad, es esencial garantizar una transición fluida para los trabajadores mediante programas de reciclaje y recualificación. Equilibrar los beneficios de los sistemas de transporte impulsados por la IA con la preservación de los medios de subsistencia y la estabilidad económica plantea un reto complejo que requiere una planificación cuidadosa y medidas proactivas por parte de los responsables políticos. Abordar estos retos legales y éticos será crucial para dar forma a un futuro en el que los sistemas de transporte impulsados por IA puedan coexistir armoniosamente con la sociedad.

XXVIII. IA EN LA EXPLORACIÓN ESPACIAL

La IA en la exploración espacial puede revolucionar nuestra comprensión del universo. Desde los vehículos autónomos en Marte hasta los sistemas avanzados de satélites que vigilan planetas lejanos, la IA está mejorando las capacidades de las misiones espaciales. Al integrar la IA en los sistemas de las naves espaciales, los científicos pueden analizar los datos de forma más eficaz, predecir los fallos de los equipos e incluso descubrir nuevos fenómenos que antes pasaban desapercibidos con los métodos tradicionales. La IA nos permite explorar entornos inhóspitos para la presencia humana, abriendo nuevas oportunidades para el descubrimiento científico y la innovación en el ámbito de la exploración espacial. Una de las principales ventajas de utilizar la IA en la exploración espacial es su capacidad para adaptarse y aprender de nuevas situaciones. Los algoritmos de aprendizaje automático pueden procesar grandes cantidades de datos en tiempo real, lo que permite una rápida toma de decisiones durante las misiones espaciales. Esta adaptabilidad es crucial en entornos impredecibles en los que las condiciones pueden cambiar rápidamente, como el aterrizaje en un cometa o la navegación a través de campos de asteroides. Con la ayuda de la IA, las agencias espaciales pueden explorar los cuerpos celestes con mayor eficacia y recopilar información valiosa que sería difícil obtener utilizando únicamente métodos tradicionales. Además de mejorar la investigación científica, la IA en la exploración espacial también presenta oportunidades para el desarrollo sostenible y la utilización de los recursos. Al automatizar tareas como la gestión de recursos y la navegación, la IA puede ayudar a reducir costes y aumentar la eficacia de las misiones espaciales. Los datos recogidos por los sistemas impulsados por IA pueden proporcionar información valiosa sobre el potencial de la futura colonización humana de otros planetas. A medida que sigamos ampliando los límites de la exploración, la integración de la IA desempeñará un papel vital en la expansión de nuestro conocimiento del cosmos y en el desbloqueo de nuevas posibilidades para el futuro de la exploración espacial.

Aplicaciones de la IA en la planificación y ejecución de misiones espaciales

Las aplicaciones de la IA en la planificación y ejecución de misiones espaciales han revolucionado la forma en que exploramos el cosmos. Aprovechando la inteligencia artificial, las agencias espaciales pueden analizar grandes cantidades de datos para tomar decisiones informadas en tiempo real. Los algoritmos de aprendizaje automático pueden predecir peligros potenciales, optimizar la planificación de trayectorias e incluso ayudar en la navegación autónoma de naves espaciales. Estos avances no sólo mejoran la eficacia de las misiones, sino que también aumentan la seguridad de los astronautas y del equipo en el duro entorno del espacio. La IA desempeña un papel crucial en la optimización de la gestión de recursos durante las misiones espaciales. Desde el consumo de combustible hasta la distribución de energía, los algoritmos de IA pueden optimizar la asignación de recursos para garantizar la longevidad y el éxito de las misiones. Mediante el aprendizaje continuo y la adaptación a entornos cambiantes, los sistemas de IA pueden realizar ajustes sobre la marcha, maximizando la utilización de los recursos limitados en el espacio. Este nivel de automatización y adaptabilidad es esencial para las misiones de larga duración, como los viajes interplanetarios, en los que la intervención humana puede ser limitada o demorarse. Las aplicaciones de IA son fundamentales para mejorar los resultados científicos de las misiones espaciales. Al analizar grandes cantidades de datos recogidos por sondas y telescopios espaciales, los sistemas de IA pueden identificar patrones, anomalías y correlaciones que pueden pasar desapercibidos a los investigadores humanos. Esta capacidad de aprendizaje profundo permite a los científicos hacer nuevos descubrimientos, refinar hipótesis y ampliar nuestra comprensión del universo. A medida que sigamos ampliando los límites de la exploración espacial, la IA desempeñará sin duda un papel cada vez más vital en la configuración del futuro de los viajes interplanetarios y los descubrimientos científicos.

Robótica e IA en la exploración extraterrestre

Más allá de la Tierra, la robótica y la IA desempeñan un papel crucial en la exploración extraterrestre. Desde los vehículos exploradores de Marte hasta las naves espaciales autónomas, estas tecnologías permiten a los científicos recopilar datos de planetas y lunas lejanos. La precisión y eficacia de los sistemas robóticos los hacen ideales para tareas en entornos hostiles donde la presencia humana es poco práctica o peligrosa. Los algoritmos de IA pueden analizar grandes cantidades de datos para descubrir patrones ocultos, ayudando a los investigadores a comprender los misterios del cosmos. A medida que la humanidad pretende ampliar su alcance en el universo, la integración de la robótica y la IA en la exploración espacial se hace esencial para descubrir nuevos mundos y desentrañar los secretos del universo. El uso de la robótica y la IA en la exploración extraterrestre tiene el potencial de revolucionar nuestra comprensión del universo. Con los avances en el aprendizaje automático y las redes neuronales profundas, estas tecnologías pueden mejorar nuestra capacidad para cartografiar galaxias lejanas, buscar exoplanetas habitables e incluso detectar signos de vida extraterrestre. Aprovechando la robótica y la IA, los científicos pueden realizar experimentos y recoger muestras en el espacio con una precisión y exactitud sin precedentes. Esta capacidad abre nuevas vías para explorar el cosmos y podría conducir a descubrimientos revolucionarios que remodelen nuestra comprensión del universo y de nuestro lugar en él. La integración de la robótica y la IA en la exploración extraterrestre plantea consideraciones éticas sobre el impacto de estas tecnologías en otros planetas y en posibles formas de vida alienígena. A medida que nos aventuramos en el espacio, es crucial establecer directrices y protocolos que garanticen el uso responsable de la robótica y la IA en las misiones de exploración. Cuestiones como la contaminación, la interferencia con los ecosistemas autóctonos y el respeto a las culturas alienígenas deben abordarse cuidadosamente para evitar consecuencias imprevistas. Desarrollando un marco que englobe los principios éticos y la administración medioambiental, podemos salvaguardar la integridad de los entornos extraterrestres al tiempo que avanzamos en nuestro conocimiento científico del cosmos.

Consideraciones éticas sobre el uso de la IA en la exploración espacial

En el contexto de la exploración espacial, el uso de la IA plantea importantes consideraciones éticas que deben abordarse cuidadosamente. Cuando la IA se despliega en misiones más allá de la Tierra, existe un riesgo significativo de encontrarse con variables y situaciones desconocidas que podrían desafiar a los algoritmos preprogramados. Garantizar que los sistemas de IA están diseñados para dar prioridad a la seguridad humana, cumplir las directrices éticas y tomar decisiones fiables incluso en entornos impredecibles es crucial para el éxito de las misiones de exploración espacial. La posibilidad de que la IA interactúe con la vida extraterrestre, si se descubre, añade otra capa de complejidad al marco ético que debe regir su uso en el espacio. Una consideración ética clave en el uso de la IA en la exploración espacial es la cuestión de la autonomía. A medida que los sistemas de IA se vuelven más sofisticados y capaces de tomar decisiones independientes, surgen preguntas sobre la responsabilidad y el control. ¿Quién es responsable en última instancia de las acciones realizadas por la IA en una misión espacial? ¿Cómo podemos garantizar que la IA se ajusta a los valores humanos y a las normas éticas cuando opera en un entorno lejano y potencialmente peligroso? Se trata de dilemas éticos complejos que requieren una cuidadosa deliberación y el establecimiento de directrices claras que rijan el comportamiento de los sistemas de IA en el espacio. La posibilidad de que los sistemas de IA revelen información sensible sobre la Tierra o la civilización humana a seres extraterrestres suscita preocupaciones éticas sobre la privacidad y la seguridad. A medida que las tecnologías de IA avanzan y se integran más en la exploración espacial, es esencial considerar las implicaciones de la revelación involuntaria de información y la necesidad de proteger los datos confidenciales. Establecer protocolos sólidos para la seguridad y la privacidad de los datos será esencial para evitar consecuencias imprevistas que podrían tener implicaciones de largo alcance tanto para la humanidad como para las posibles civilizaciones extraterrestres. Las consideraciones éticas que rodean el uso de la IA en la exploración espacial son polifacéticas y requieren una atención cuidadosa para garantizar que los beneficios de la tecnología se equilibren con la protección de los valores y principios humanos.

XXIX. IA EN FILANTROPÍA E IMPACTO SOCIAL

En el ámbito de la filantropía y el impacto social, la IA tiene el potencial de revolucionar la forma en que las organizaciones abordan los retos sociales. Aprovechando las tecnologías de IA, los esfuerzos filantrópicos pueden ser más eficientes e impactantes. El análisis de datos con IA puede ayudar a identificar áreas de necesidad con mayor precisión, permitiendo a las organizaciones filantrópicas asignar recursos de forma más eficaz. La IA puede optimizar procesos como la gestión de donaciones y la evaluación de programas, agilizando las operaciones y maximizando el impacto de cada contribución. Mediante la integración de la IA en las iniciativas filantrópicas, las organizaciones pueden lograr una mayor transparencia, responsabilidad y escalabilidad, lo que en última instancia conduce a soluciones más sostenibles para los problemas sociales. La IA puede desempeñar un papel crucial a la hora de impulsar la innovación en el sector filantrópico, facilitando la colaboración y el intercambio de conocimientos entre las partes interesadas. Las plataformas impulsadas por la IA pueden conectar a donantes, organizaciones sin ánimo de lucro y beneficiarios, creando un ecosistema en red que fomente la colaboración y acelere el desarrollo de soluciones innovadoras. Al aprovechar el poder de la IA para facilitar la comunicación y la coordinación, las iniciativas filantrópicas pueden aprovechar la experiencia y los recursos colectivos para abordar retos complejos con mayor eficacia. La IA puede permitir el seguimiento y la evaluación de los proyectos de impacto social en tiempo real, proporcionando valiosas perspectivas que pueden informar la toma de decisiones e impulsar la mejora continua en la ejecución de los programas. Aunque los beneficios potenciales de la IA en la filantropía y el impacto social son significativos, es crucial abordar las implicaciones éticas y normativas de la integración de las tecnologías de IA en estos sectores. A medida que la IA se vuelve cada vez más sofisticada, surgen preocupaciones en torno a la privacidad de los datos, la parcialidad y la autonomía, lo que pone de relieve la necesidad de directrices y normativas exhaustivas que rijan su uso en los esfuerzos filantrópicos. Al establecer normas éticas claras y garantizar la transparencia de los algoritmos de IA y los procesos de toma de decisiones, las organizaciones pueden mitigar los riesgos potenciales y defender los principios de justicia y responsabilidad. El despliegue responsable de la IA en la filantropía requiere un enfoque equilibrado que maximice los beneficios de la tecnología, salvaguardando al mismo tiempo los intereses y derechos de todas las partes implicadas.

IA para iniciativas de bien social y ayuda humanitaria

En los últimos años, las iniciativas de IA para el bien social y la ayuda humanitaria han ganado terreno como potentes herramientas para abordar problemas sociales complejos. Las organizaciones y los gobiernos recurren cada vez más a la IA para mejorar la respuesta ante catástrofes, mejorar la prestación de asistencia sanitaria y optimizar la asignación de recursos en las comunidades empobrecidas. Se están utilizando chatbots potenciados por IA para proporcionar apoyo en salud mental a personas en crisis, mientras que el análisis predictivo está ayudando a los bancos de alimentos a anticiparse mejor y satisfacer las necesidades de las poblaciones vulnerables. Estas aplicaciones demuestran el potencial de la IA para impulsar cambios positivos y mejorar el bienestar de la sociedad en general. Las iniciativas de IA para el bien social están desempeñando un papel clave en el avance de los Objetivos de Desarrollo Sostenible de las Naciones Unidas, aprovechando la tecnología para abordar la pobreza, promover la salud y el bienestar, y combatir el cambio climático. Al aprovechar el poder de la IA, las organizaciones pueden analizar grandes cantidades de datos en tiempo real, identificar tendencias y poner en marcha intervenciones específicas que pueden tener un impacto significativo en la vida de las personas necesitadas. Desde la preparación ante catástrofes hasta la ayuda a los refugiados, la IA está demostrando ser una herramienta valiosa para construir comunidades más resistentes y sostenibles en todo el mundo. A pesar del innegable potencial de la IA para el bien social, es esencial abordar estas iniciativas con cautela y previsión. A medida que los sistemas de IA se vuelven más sofisticados, las consideraciones éticas en torno a cuestiones como la transparencia, la responsabilidad y la parcialidad cobran cada vez más importancia. Es crucial que las organizaciones den prioridad a las directrices éticas y los marcos normativos que garanticen el despliegue responsable de las tecnologías de IA en contextos humanitarios. Promoviendo la transparencia, la inclusión y la toma de decisiones participativa, podemos maximizar los beneficios de la IA, minimizando al mismo tiempo los riesgos potenciales y las consecuencias no deseadas para las poblaciones vulnerables.

Toma de decisiones basada en datos en los esfuerzos filantrópicos

En los esfuerzos filantrópicos, la toma de decisiones basada en datos desempeña un papel crucial para maximizar el impacto y la eficiencia. Aprovechando el análisis de datos, las organizaciones filantrópicas pueden identificar tendencias, evaluar necesidades y medir resultados con más precisión que nunca. Analizando los datos demográficos y los indicadores sociales, las fundaciones pueden orientar sus recursos hacia las zonas más necesitadas, garantizando que sus intervenciones tengan un impacto duradero y significativo. La toma de decisiones basada en datos también puede ayudar a las organizaciones filantrópicas a realizar un seguimiento de los avances a lo largo del tiempo, lo que les permite perfeccionar sus estrategias y asignar los recursos de forma más eficaz. La toma de decisiones basada en datos en la filantropía puede fomentar una mayor transparencia y responsabilidad. Al recopilar y analizar datos sobre cómo se utilizan los fondos y qué resultados se obtienen, las organizaciones pueden demostrar su impacto a los donantes, las partes interesadas y el público. Esta transparencia no sólo genera confianza y credibilidad, sino que también permite una mayor colaboración y asociación dentro del sector. Mediante la toma de decisiones basada en datos, las organizaciones filantrópicas pueden tomar decisiones informadas que se ajusten a su misión y sus valores, lo que en última instancia conduce a resultados más sostenibles e impactantes para las comunidades a las que sirven. Es esencial reconocer las limitaciones y los retos de la toma de decisiones basada en datos en la filantropía. Aunque la analítica de datos puede proporcionar información valiosa, no es una panacea y debe complementarse con el juicio humano, la empatía y el contexto. La filantropía es intrínsecamente compleja, pues se ocupa de cuestiones de justicia social, equidad y bienestar humano que no siempre pueden cuantificarse o medirse sólo con datos. Aunque la toma de decisiones basada en datos puede mejorar la eficiencia y la eficacia, debe equilibrarse con una comprensión matizada de las dimensiones sociales, culturales y éticas de la labor filantrópica. El éxito de la filantropía requiere un enfoque holístico que integre el análisis de datos con la sabiduría y la compasión humanas.

Garantizar la equidad y la inclusión en los proyectos de impacto social impulsados por la IA

En el ámbito de los proyectos de impacto social impulsados por la IA, garantizar la equidad y la inclusión es primordial para evitar exacerbar las disparidades existentes. Un aspecto clave a tener en cuenta son los datos utilizados para entrenar los algoritmos de IA, ya que los conjuntos de datos sesgados o incompletos pueden dar lugar a resultados discriminatorios. Es crucial garantizar que los datos de entrenamiento sean representativos de poblaciones diversas para evitar reforzar las desigualdades sociales. La transparencia en el proceso de desarrollo de la IA es esencial para permitir el escrutinio y la rendición de cuentas. Haciendo que los algoritmos y los procesos de toma de decisiones estén abiertos a la revisión pública, las partes interesadas pueden identificar y abordar los sesgos antes de que tengan consecuencias perjudiciales. Promover la diversidad en los equipos que desarrollan tecnologías de IA es vital para crear soluciones que beneficien a todos los miembros de la sociedad. Incluir a personas de diversos orígenes puede ayudar a cuestionar las suposiciones y los prejuicios que puedan estar arraigados en la tecnología. Comprometerse con las comunidades que se verán afectadas por los proyectos impulsados por la IA es esencial para incorporar sus puntos de vista y garantizar que las soluciones se adaptan a sus necesidades. Al fomentar la colaboración y la cocreación, el desarrollo de las tecnologías de IA puede guiarse por una gama más amplia de voces, lo que conduce a resultados más inclusivos. Deben tomarse medidas proactivas para garantizar que los proyectos de impacto social impulsados por la IA se diseñen teniendo en cuenta la equidad y la inclusión. Esto requiere un compromiso con la diversidad tanto en la recopilación de datos como en el desarrollo de algoritmos, así como el compromiso con las comunidades afectadas por estas tecnologías. Al centrar las consideraciones éticas y dar prioridad a la responsabilidad social, podemos aprovechar el potencial de la IA para abordar los retos sociales minimizando los daños. Fomentando una cultura de inclusión y equidad en el desarrollo de la IA, podemos trabajar por un futuro en el que las tecnologías avanzadas beneficien a todos los miembros de la sociedad.

XXX. IA EN ENTRETENIMIENTO Y MEDIOS DE COMUNICACIÓN

Los avances en la IA han tenido un impacto significativo en las industrias del entretenimiento y los medios de comunicación, revolucionando la forma en que se crean, distribuyen y consumen los contenidos. Los algoritmos de IA se utilizan cada vez más para personalizar las recomendaciones de música, películas y noticias, mejorando la experiencia y el compromiso del usuario. Las plataformas de streaming como Netflix aprovechan la IA para analizar los hábitos y preferencias de visionado y sugerir contenidos relevantes a los usuarios, lo que aumenta la satisfacción y retención de los espectadores. En el ámbito de los juegos, las tecnologías basadas en IA se utilizan para crear personajes realistas, mejorar la mecánica de juego e incluso generar argumentos dinámicos, ofreciendo a los jugadores una experiencia más envolvente y personalizada. La IA está transformando el proceso de producción en la industria del entretenimiento, agilizando tareas como la escritura de guiones, la edición de vídeo y la creación de efectos especiales. Los algoritmos de aprendizaje automático pueden analizar grandes cantidades de datos para predecir las preferencias del público, optimizar las estrategias de marketing e incluso prever el rendimiento en taquilla, lo que permite a los estudios tomar decisiones informadas y maximizar su impacto. Las herramientas impulsadas por la IA, como los influenciadores virtuales y las tecnologías deepfake, están difuminando los límites entre la realidad y la ficción, planteando problemas éticos en relación con la autenticidad y la desinformación. A medida que la IA sigue evolucionando, es esencial que los creadores de contenidos y las plataformas den prioridad a la ética y la transparencia para mantener la confianza y la credibilidad de su público. Aunque la IA ofrece un inmenso potencial de innovación y eficiencia en los sectores del entretenimiento y los medios de comunicación, también plantea retos relacionados con la privacidad, la seguridad de los datos y el impacto social. La recopilación y el análisis de los datos de los usuarios por algoritmos de IA suscitan preocupación por las violaciones de la privacidad y el posible uso indebido de la información personal. La dependencia de la IA para la curación de contenidos y los algoritmos de recomendación puede dar lugar a burbujas de filtros y cámaras de eco, limitando la exposición a diversas perspectivas y contribuyendo a la difusión de información errónea. A medida que las tecnologías de IA se van imponiendo en la configuración de los hábitos de consumo de medios de comunicación, crece la necesidad de normativas y directrices éticas que garanticen la responsabilidad, salvaguarden la privacidad de los usuarios y promuevan un panorama mediático justo e inclusivo.

La creación de contenidos impulsada por la IA en la industria del entretenimiento

En la industria del entretenimiento, la creación de contenidos impulsada por la IA está revolucionando la forma de contar historias y diseñar experiencias. Desde la generación de argumentos hasta el diseño de mundos virtuales, la IA está ampliando los límites de la creatividad y la innovación. Al analizar grandes cantidades de datos e identificar patrones, los sistemas de IA pueden predecir las preferencias del público y adaptar el contenido a grupos demográficos específicos. Esto no sólo agiliza el proceso creativo, sino que también mejora la experiencia general del espectador al ofrecer un entretenimiento personalizado y atractivo. La creación de contenidos impulsada por la IA tiene el potencial de democratizar la industria del entretenimiento, dando a los aspirantes a creadores acceso a potentes herramientas y recursos que antes eran exclusivos de los estudios establecidos. Aprovechando los algoritmos de IA, los cineastas independientes, los desarrolladores de juegos y los artistas pueden mejorar sus capacidades narrativas y llegar a un público más amplio. Esta democratización puede conducir a un panorama del entretenimiento más diverso e inclusivo, mostrando una variedad de voces y perspectivas que pueden haber sido pasadas por alto en los medios de comunicación tradicionales. A medida que la IA sigue desempeñando un papel más importante en la creación de contenidos, deben abordarse cuidadosamente las consideraciones éticas. La posibilidad de que la IA perpetúe los prejuicios, manipule las emociones o vulnere la privacidad plantea importantes cuestiones sobre los límites éticos del entretenimiento impulsado por la IA. Lograr un equilibrio entre innovación y responsabilidad es crucial para garantizar que la IA se utilice de forma ética y en beneficio de toda la sociedad. Mediante el desarrollo de directrices y normativas éticas sólidas, la industria del entretenimiento puede aprovechar el poder de la IA para crear contenidos cautivadores y que inviten a la reflexión, al tiempo que defiende los valores de justicia, transparencia y respeto de los derechos individuales.

Recomendaciones personalizadas y selección de contenidos mediante algoritmos de IA

Una de las aplicaciones más destacadas de los algoritmos de

IA son las recomendaciones personalizadas y la selección de contenidos. Aprovechando las técnicas de aprendizaje automático, estos algoritmos analizan grandes cantidades de datos para comprender las preferencias y comportamientos de los usuarios, lo que permite hacer sugerencias a medida. Plataformas como Netflix y Amazon utilizan la IA para recomendar películas o productos basándose en el historial de visitas o compras del usuario. Esto no sólo mejora la experiencia del usuario ofreciéndole contenido relevante, sino que también aumenta el compromiso y la satisfacción del cliente. La capacidad de los algoritmos de IA para aprender continuamente y adaptarse a las preferencias individuales está remodelando la forma en que se consumen los contenidos, ofreciendo una experiencia más personalizada y racionalizada. La curación de contenidos mediante algoritmos de IA está revolucionando la forma en que se presenta la información a los usuarios. En la era de la sobrecarga de información, estos algoritmos desempeñan un papel crucial a la hora de filtrar y organizar los contenidos en función de su relevancia e interés. Las plataformas de redes sociales como Facebook utilizan la IA para comisariar las noticias, mostrando a los usuarios contenidos que coinciden con sus intereses e interacciones. Esto no sólo ahorra tiempo a los usuarios al presentarles contenidos con los que es probable que interactúen, sino que también ayuda a combatir la desinformación promoviendo fuentes fiables. La eficacia y precisión de los algoritmos de IA en la curación de contenidos son factores clave para mejorar la calidad de la información que consumen los usuarios en un mundo digital inundado de contenidos. A pesar de las numerosas ventajas de las recomendaciones personalizadas y la curación de contenidos mediante algoritmos de IA, existen retos y consideraciones éticas que deben abordarse. La preocupación por la privacidad, la parcialidad de los sistemas de recomendación y la posibilidad de manipulación subrayan la importancia de aplicar prácticas transparentes y responsables. A medida que la IA sigue evolucionando e influyendo en diversos aspectos de nuestras vidas, es crucial establecer directrices y reglamentos que defiendan las normas éticas y protejan los derechos de los usuarios. Lograr un equilibrio entre aprovechar las capacidades de la IA para experiencias personalizadas y salvaguardar la privacidad y autonomía del usuario es esencial para generar confianza y aceptación de estas tecnologías en la sociedad.

Consideraciones éticas en los contenidos mediáticos generados por IA

Un aspecto crucial a considerar en el ámbito de los contenidos mediáticos generados por la IA son las implicaciones éticas que conlleva la creación y distribución de dicho material. A medida que la IA se vuelve más avanzada y capaz de producir imágenes, vídeos y textos increíblemente realistas, surgen cuestiones relativas al consentimiento, la privacidad y la autenticidad. La tecnología Deepfake puede utilizarse para manipular vídeos y hacer que parezca que las personas están diciendo o haciendo cosas que en realidad nunca hicieron. Esto suscita preocupación por la posibilidad de desinformación, difamación e incluso chantaje. Las consideraciones éticas en torno al uso de la IA en la creación de contenidos mediáticos son primordiales para garantizar que dichas tecnologías se desplieguen de forma responsable y no perjudiquen a las personas ni a la sociedad en su conjunto. La transparencia en el desarrollo y despliegue de contenidos generados por IA es esencial para generar confianza en el público. Los usuarios deben ser conscientes de cuándo interactúan con contenidos generados por IA, ya que esto puede tener implicaciones sobre cómo perciben y confían en la información que se les presenta. Desde los artículos de noticias hasta las publicaciones en las redes sociales, el uso de la IA en la generación de contenidos requiere un etiquetado y una divulgación claros para evitar engañar al público. Los algoritmos y conjuntos de datos utilizados en la creación de medios generados por IA deben ser examinados para garantizar que están libres de sesgos que puedan perpetuar estereotipos perjudiciales o desinformación. Aplicando directrices éticas y medidas de transparencia, pueden mitigarse los riesgos potenciales asociados a los contenidos mediáticos generados por IA. A la luz de las consideraciones éticas que rodean a los contenidos mediáticos generados por IA, es imperativo que se establezca un marco normativo que regule su desarrollo y uso. Las normas y directrices del sector pueden ayudar a garantizar que las tecnologías de IA se desarrollen y desplieguen de forma que defiendan los principios éticos y respeten los derechos individuales. Al responsabilizar a los desarrolladores y a las organizaciones del contenido creado por los sistemas de IA, los organismos reguladores pueden ayudar a salvaguardar contra posibles abusos y promover el uso responsable de estas tecnologías. Las consideraciones éticas en los contenidos mediáticos generados por la IA son cruciales para dar forma a un futuro en el que la tecnología avance de forma que beneficie a la sociedad en su conjunto, respetando al mismo tiempo los valores y principios fundamentales.

XXXI. IA EN LOS SERVICIOS FINANCIEROS

En el ámbito de los servicios financieros, la IA ha cambiado las reglas del juego, revolucionando la forma en que las instituciones gestionan el análisis de datos, la evaluación de riesgos y las interacciones con los clientes. Los algoritmos de aprendizaje automático pueden procesar grandes cantidades de información financiera a la velocidad del rayo, permitiendo predicciones más precisas y la toma de decisiones en tiempo real. Los sistemas de procesamiento del lenguaje natural pueden escanear artículos de noticias y redes sociales para calibrar el sentimiento del mercado, ayudando a los operadores a tomar decisiones informadas. Los chatbots con IA se están utilizando para el servicio de atención al cliente, proporcionando asistencia personalizada y mejorando la experiencia del usuario. La integración de la IA en los servicios financieros agiliza las operaciones, reduce los costes y, en última instancia, mejora la eficiencia y el rendimiento general. La implantación de la IA en las instituciones financieras ha suscitado preocupación por la privacidad y la seguridad de los datos. Con el acceso a datos personales y financieros sensibles, aumenta el riesgo de ciberataques y violaciones. A medida que los sistemas de IA se vuelven más sofisticados, es crucial garantizar unas medidas de ciberseguridad sólidas para proteger tanto a las instituciones como a sus clientes. El uso de algoritmos de IA en los procesos de toma de decisiones, como la aprobación de préstamos o las recomendaciones de inversión, suscita un debate sobre la transparencia y la responsabilidad. Es imperativo que las organizaciones financieras mantengan la transparencia sobre cómo funcionan los algoritmos de IA y los factores que tienen en cuenta al tomar decisiones. Las consideraciones éticas deben estar en primer plano para evitar los prejuicios y la discriminación en los servicios financieros impulsados por la IA. A pesar de los innegables beneficios de la IA en los servicios financieros, preocupa su potencial para perturbar el mercado laboral. A medida que la IA automatiza las tareas rutinarias y el análisis de datos, existe el riesgo de que se produzca un desplazamiento de puestos de trabajo para funciones que pueden ser fácilmente sustituidas por máquinas. Esto también presenta una oportunidad para mejorar la cualificación de la mano de obra y centrarla en tareas de mayor valor que requieran pensamiento crítico y creatividad. Las instituciones financieras deben invertir en programas de formación para dotar a los empleados de las habilidades necesarias para colaborar eficazmente con los sistemas de IA. Los responsables políticos deben abordar las implicaciones de la IA en el empleo y desarrollar estrategias para apoyar a los trabajadores mediante iniciativas de reciclaje y transiciones laborales. Adoptando la IA de forma responsable y abordando de forma proactiva sus repercusiones sobre la mano de obra, el sector de los servicios financieros puede sortear los retos y aprovechar todo el potencial de la innovación de la IA.

Aplicaciones de la IA en la detección del fraude y la gestión del riesgo

En el ámbito de la detección del fraude y la gestión del riesgo, la IA está revolucionando la forma en que las organizaciones se protegen de las pérdidas financieras y las amenazas potenciales. Mediante el uso de sofisticados algoritmos y capacidades de aprendizaje automático, los sistemas de IA pueden analizar grandes cantidades de datos en tiempo real, detectando pautas y anomalías que pueden indicar actividades fraudulentas. Este enfoque proactivo permite a las empresas responder rápidamente a los riesgos potenciales, salvaguardando sus operaciones y activos. Aprovechando las tecnologías de IA, las organizaciones pueden mejorar sus métodos de detección del fraude, minimizando el impacto de los comportamientos fraudulentos en su cuenta de resultados. Las aplicaciones de IA en la detección del fraude y la gestión del riesgo pueden reducir significativamente la carga de los analistas humanos, permitiéndoles centrarse en tareas más complejas que requieren intervención humana. Estos sistemas pueden supervisar de forma autónoma las transacciones, identificar actividades sospechosas e incluso predecir riesgos futuros basándose en patrones históricos. Al agilizar el proceso de detección y proporcionar alertas oportunas, la IA permite a las organizaciones tomar medidas proactivas para mitigar las amenazas potenciales antes de que se agraven. Como resultado, las empresas pueden operar de forma más eficiente y eficaz, salvaguardando su integridad financiera y su reputación en un entorno empresarial cada vez más complejo e interconectado. La integración de la IA en la detección del fraude y la gestión del riesgo representa un avance significativo en este campo, ofreciendo a las organizaciones potentes herramientas para combatir los delitos financieros y mitigar los riesgos potenciales. Al aprovechar las capacidades de los sistemas de IA para analizar datos en tiempo real, las organizaciones pueden reforzar sus defensas contra el fraude y tomar decisiones informadas para proteger sus activos. A medida que las tecnologías de IA sigan evolucionando y mejorando, desempeñarán un papel cada vez más vital para ayudar a las organizaciones a adelantarse a las amenazas emergentes y adaptarse al dinámico panorama del comercio digital. Aprovechar el potencial de la IA en la detección del fraude y la gestión del riesgo es esencial para las empresas que quieren asegurar su futuro en una era de rápidos avances tecnológicos.

Negociación algorítmica y análisis predictivo en finanzas

La negociación algorítmica y el análisis predictivo han revolucionado el sector financiero, permitiendo a las instituciones tomar decisiones basadas en datos a la velocidad del rayo. Mediante complejos algoritmos matemáticos, estos sistemas pueden analizar grandes cantidades de datos históricos y en tiempo real para predecir las tendencias del mercado y optimizar las estrategias de negociación. Esta tecnología ha reducido significativamente la dependencia del juicio humano, lo que ha aumentado la eficacia y la rentabilidad de las operaciones comerciales. El auge de la negociación algorítmica también ha suscitado preocupación por la manipulación del mercado y la posibilidad de consecuencias imprevistas en caso de fallos o fallos del sistema. Una de las principales ventajas de la negociación algorítmica es su capacidad para procesar información y ejecutar operaciones mucho más rápidamente de lo que podría hacerlo cualquier operador humano. Esta ventaja de velocidad permite a las empresas capitalizar oportunidades fugaces en el mercado, lo que les da una ventaja competitiva. El análisis predictivo puede ayudar a identificar patrones y correlaciones en los datos que los analistas humanos pueden pasar por alto, lo que conduce a predicciones más precisas de los movimientos del mercado. A pesar de estas ventajas, la creciente complejidad de los algoritmos plantea cuestiones sobre la transparencia y la responsabilidad en los mercados financieros. A medida que los algoritmos se vuelven más sofisticados, los reguladores y los inversores deben esforzarse por garantizar que estos sistemas se utilicen de forma ética y de conformidad con la normativa. A medida que la negociación algorítmica y el análisis predictivo siguen remodelando el panorama financiero, es crucial que los participantes en el mercado se adapten a este cambio tecnológico. Los operadores y los profesionales financieros deben desarrollar nuevas habilidades para aprovechar estas herramientas con eficacia y mitigar los riesgos asociados a los sistemas de negociación automatizada. Los reguladores deben establecer directrices claras y mecanismos de supervisión para garantizar que la negociación algorítmica no plantea riesgos sistémicos para el sistema financiero. Adoptando la innovación pero manteniendo un enfoque prudente, el sector financiero puede aprovechar el poder de la negociación algorítmica y el análisis predictivo para impulsar el crecimiento y la eficiencia en un entorno de mercado en rápida evolución.

Retos normativos y transparencia en las decisiones financieras basadas en la IA

En el ámbito de las decisiones financieras impulsadas por la IA, uno de los principales retos reside en el panorama normativo que regula el uso de estas tecnologías. A medida que la IA se arraiga en el sector financiero, crece la necesidad de directrices y normas claras que garanticen la transparencia y la responsabilidad. Sin una normativa sólida, existe el riesgo de que posibles sesgos, errores o incluso intenciones maliciosas influyan en los algoritmos de IA, provocando resultados adversos en la toma de decisiones financieras. Los responsables políticos y los reguladores deben trabajar en tándem con los expertos del sector para establecer marcos que no sólo promuevan la innovación, sino que también protejan contra el uso indebido de la IA en entornos financieros. La transparencia es otro aspecto crucial que debe abordarse cuando se trata de decisiones financieras impulsadas por la IA. Dada la complejidad de los algoritmos de aprendizaje automático y la gran cantidad de datos que contienen, puede resultar difícil para las personas comprender cómo se toman las decisiones. Esta falta de transparencia puede generar desconfianza y escepticismo respecto a los resultados de los modelos financieros basados en IA. Para resolver este problema, las empresas que utilizan la IA en las finanzas deben dar prioridad a la transparencia, explicando cómo los algoritmos llegan a las conclusiones y esforzándose por desmitificar el proceso de toma de decisiones. De este modo, pueden generar confianza entre los consumidores y las partes interesadas, al tiempo que garantizan que la IA se utiliza de forma responsable y ética en contextos financieros. Para superar los retos normativos y las cuestiones de transparencia que rodean a las decisiones financieras basadas en la IA, es esencial la colaboración entre las distintas partes interesadas. Los líderes del sector, los reguladores, los responsables políticos y los expertos en ética deben unirse para establecer un marco cohesivo que equilibre la innovación con la responsabilidad. Fomentando el diálogo abierto y la cooperación, es posible crear normativas que apoyen el uso responsable de la IA en las finanzas, promoviendo al mismo tiempo la transparencia en los procesos de toma de decisiones. Abordando estas cuestiones de frente, el sector financiero puede aprovechar el poder transformador de la IA al tiempo que defiende las normas éticas y garantiza que las decisiones se toman en el mejor interés de todas las partes implicadas.

XXXII. IA EN LA AYUDA HUMANITARIA Y LA RESPUESTA A LAS CRISIS

La IA también está demostrando ser una herramienta valiosa en la ayuda humanitaria y la respuesta a las crisis. Los algoritmos de aprendizaje automático pueden analizar grandes cantidades de datos para predecir y prevenir catástrofes, así como ayudar a prestar ayuda de forma más eficaz. Durante las catástrofes naturales, la IA puede ayudar a identificar las zonas más necesitadas de ayuda basándose en imágenes de satélite y datos en tiempo real. Esto puede agilizar la distribución de recursos y maximizar el impacto de los esfuerzos de ayuda. Los chatbots impulsados por IA pueden proporcionar apoyo e información a las víctimas, ayudando a aliviar el estrés y a ponerlas en contacto con los servicios necesarios. La tecnología de IA se está utilizando para optimizar las cadenas de suministro y la logística en las operaciones de ayuda humanitaria. Mediante la predicción de la demanda y el seguimiento del inventario en tiempo real, las organizaciones pueden garantizar que los recursos lleguen rápidamente a los necesitados. Los drones dotados de IA también pueden hacer llegar la ayuda a zonas remotas o inaccesibles, reduciendo los tiempos de respuesta y los costes generales. Estos avances no sólo mejoran la eficacia de las misiones humanitarias, sino que también aumentan la seguridad de los trabajadores humanitarios en entornos difíciles. Es crucial abordar las preocupaciones éticas, como la privacidad de los datos y la posibilidad de sesgo en la toma de decisiones con IA, para garantizar que estas tecnologías sirvan al bien mayor sin causar daños ni discriminación. La integración de la IA en la ayuda humanitaria y la respuesta a las crisis demuestra el impacto positivo que las tecnologías avanzadas pueden tener en la sociedad. Aprovechando el poder de la IA para el análisis predictivo, la asignación de recursos y la gestión logística, las organizaciones humanitarias pueden mejorar su eficiencia y eficacia en la prestación de ayuda a los necesitados. Es esencial abordar estos avances con cautela y un marco ético sólido para mitigar los posibles riesgos y garantizar que la IA sirva para beneficiar a todas las personas, especialmente en tiempos de crisis. Mientras seguimos avanzando hacia la singularidad tecnológica, es imperativo aprovechar la IA de forma responsable para crear un futuro más sostenible y equitativo para la humanidad.

IA para la coordinación de la ayuda en caso de catástrofe y la asignación de recursos

En el ámbito de la coordinación de la ayuda en caso de catástrofe y la asignación de recursos, la IA es muy prometedora para mejorar los esfuerzos de respuesta. Aprovechando los algoritmos de aprendizaje automático y el análisis de datos en tiempo real, los sistemas de IA pueden evaluar rápidamente el alcance de una catástrofe, identificar las zonas que necesitan ayuda urgente y optimizar la asignación de recursos. Los drones dotados de IA pueden desplegarse para inspeccionar las zonas afectadas, proporcionar información crítica a los equipos de respuesta y entregar suministros en lugares de difícil acceso. Este nivel de eficiencia y precisión puede agilizar considerablemente las operaciones de socorro y, en última instancia, salvar más vidas y mitigar el impacto de las catástrofes. Los modelos predictivos basados en IA pueden prever posibles catástrofes y anticipar sus consecuencias, lo que permite tomar medidas preventivas. Analizando datos históricos y patrones medioambientales, los algoritmos de IA pueden identificar zonas de alto riesgo susceptibles de sufrir inundaciones, sequías u otros fenómenos naturales. Esta previsión permite a las autoridades aplicar medidas preventivas, evacuar a las poblaciones de riesgo y almacenar recursos con antelación, reduciendo así la gravedad de futuras catástrofes. Los sistemas de IA pueden adaptarse continuamente y aprender de nuevas entradas de datos, mejorando su capacidad de predicción con el tiempo y aumentando la resistencia general de las comunidades ante posibles crisis. A pesar de sus beneficios potenciales, la integración de la IA en la ayuda en caso de catástrofe plantea consideraciones éticas relativas a la privacidad de los datos, el sesgo algorítmico y la autonomía en la toma de decisiones. A medida que los sistemas de IA se hacen cada vez más autónomos en la asignación de recursos y los procesos de toma de decisiones, se necesitan protocolos transparentes y mecanismos de rendición de cuentas para garantizar resultados justos y equitativos. La dependencia de las tecnologías de IA debe complementarse con la experiencia humana y la supervisión ética para evitar consecuencias imprevistas o prácticas discriminatorias. Si se logra un equilibrio entre la automatización de la IA y la intervención humana, los esfuerzos de respuesta a las catástrofes pueden aprovechar todo el potencial de la IA, respetando al mismo tiempo las normas éticas y salvaguardando los derechos de los afectados por las emergencias.

Análisis predictivo para sistemas de alerta temprana en crisis humanitarias

En el contexto de la singularidad tecnológica, la aplicación de la analítica predictiva a los sistemas de alerta temprana en las crisis humanitarias representa un avance crucial. Aprovechando el poder de la IA y los algoritmos de aprendizaje automático, las organizaciones pueden ahora prever crisis potenciales antes de que se desencadenen, lo que permite estrategias de intervención y mitigación oportunas. Estos sistemas pueden analizar grandes cantidades de datos, como patrones meteorológicos, movimientos de población y tendencias de los medios sociales, para identificar los primeros indicadores de una crisis. Este enfoque proactivo no sólo salva vidas, sino que también reduce el impacto general en las comunidades afectadas. El análisis predictivo puede mejorar significativamente la asignación de recursos durante las crisis humanitarias. Al predecir con exactitud el inicio y la gravedad de las catástrofes, las organizaciones de ayuda pueden situar estratégicamente los suministros, el personal y las infraestructuras para responder con eficacia. Esta optimización de los recursos garantiza una respuesta más rápida y selectiva, aumentando en última instancia la eficiencia y eficacia de los esfuerzos de socorro. Al aprovechar los datos históricos y la información en tiempo real, el análisis predictivo puede mejorar los procesos de toma de decisiones, permitiendo a las organizaciones adaptar sus estrategias en función de la evolución de las circunstancias. Los análisis predictivos para los sistemas de alerta temprana en las crisis humanitarias tienen el potencial de revolucionar la forma en que abordamos las catástrofes y mitigamos su impacto. A medida que navegamos hacia la singularidad tecnológica, la integración de soluciones basadas en la IA en las operaciones humanitarias se convierte en algo primordial. Al adoptar estas tecnologías avanzadas y fomentar la colaboración entre la experiencia humana y la inteligencia de las máquinas, podemos construir comunidades más resistentes y mejorar nuestra capacidad de responder a las crisis con agilidad y precisión. Es esencial que las partes interesadas inviertan en el desarrollo y la aplicación de análisis predictivos para garantizar que estamos preparados para afrontar los retos del futuro.

Consideraciones éticas en el uso de la IA para los esfuerzos humanitarios

Cuando se considera el uso de la IA para los esfuerzos humanitarios, es imperativo abordar las implicaciones éticas que surgen. Una de las principales preocupaciones es la posible parcialidad de los algoritmos de IA, que puede perpetuar la discriminación y la desigualdad en los servicios prestados. En la atención sanitaria, los sistemas de IA pueden favorecer inadvertidamente a determinados grupos demográficos en detrimento de otros, lo que conduce a un acceso desigual a los recursos médicos. Es crucial desarrollar tecnologías de IA que sean transparentes, responsables e imparciales, para garantizar resultados justos y equitativos para todas las personas que necesiten asistencia. Otra consideración ética importante es la protección de la privacidad y la seguridad de los datos al desplegar la IA en entornos humanitarios. Dado que los sistemas de IA recopilan y procesan grandes cantidades de información personal, existe el riesgo de que se produzcan violaciones de datos y usos indebidos que podrían comprometer la seguridad y el bienestar de las poblaciones vulnerables. Lograr un equilibrio entre el aprovechamiento de los datos para una toma de decisiones eficaz y la salvaguarda de los derechos de privacidad de las personas es esencial para mantener la confianza y defender las normas éticas en las iniciativas humanitarias impulsadas por la IA. Aplicando medidas sólidas de protección de datos y garantizando la transparencia en su uso, las organizaciones pueden mitigar estos riesgos y defender los principios de respeto a la autonomía y dignidad de las personas. Aunque los beneficios potenciales del uso de la IA para las iniciativas humanitarias son significativos, es esencial tener en cuenta las consideraciones éticas asociadas al despliegue responsable de estas tecnologías. Al dar prioridad a la equidad, la transparencia y la protección de datos en el desarrollo y la aplicación de los sistemas de IA, las organizaciones pueden garantizar que sus iniciativas humanitarias respetan las normas éticas y contribuyen positivamente al bienestar de las comunidades necesitadas. Fomentando una cultura de uso ético de la IA, podemos aprovechar el poder de la tecnología para abordar los retos mundiales de un modo que respete y proteja los derechos y la dignidad de todas las personas.

XXXIII. CONCLUSIÓN

Al considerar las implicaciones de la singularidad tecnológica y el auge de la IA superior, queda claro que la sociedad debe ser proactiva en la configuración del panorama futuro. La convergencia de la IA, la automatización y el aprendizaje automático señala un cambio significativo en el funcionamiento de las industrias, planteando tanto oportunidades como retos. Mientras nos encontramos en el precipicio de esta era transformadora, es imperativo que establezcamos un marco ético sólido que rija el desarrollo y el despliegue de estas tecnologías avanzadas. Este marco debe dar prioridad a la responsabilidad, la equidad y la transparencia para garantizar que la IA sirva al bien mayor y mitigue los riesgos potenciales. La preparación de la sociedad para la transición hacia una IA superior debe evaluarse en términos de educación y preparación laboral. La mano de obra actual necesitará mejorar sus cualificaciones y reciclarse para adaptarse a las demandas cambiantes del mercado laboral en un mundo más automatizado. Los sistemas educativos deben evolucionar para cultivar una mano de obra dotada tanto de conocimientos técnicos como de habilidades de pensamiento crítico, que permitan a los individuos colaborar eficazmente con los sistemas de IA. Invirtiendo en programas de educación y formación que se centren en la alfabetización y el desarrollo de aptitudes para la IA, las sociedades pueden prepararse mejor para las perturbaciones y oportunidades que traerá consigo la IA avanzada. Mientras navegamos por las complejidades de la singularidad tecnológica, es esencial considerar las implicaciones más amplias para el empleo y la economía. El potencial de desempleo masivo debido a la automatización plantea importantes preocupaciones sobre la desigualdad de ingresos y la estabilidad social. Los responsables políticos deben ser proactivos a la hora de aplicar medidas que apoyen a los trabajadores desplazados, como iniciativas de reciclaje y redes de seguridad social. Las estrategias para estimular la creación de empleo en los sectores emergentes que aprovechan la tecnología de IA pueden ayudar a mitigar los efectos negativos de la automatización en el mercado laboral. Fomentando un entorno favorable a la colaboración entre los seres humanos y la IA, las sociedades pueden aprovechar el poder transformador de la IA, garantizando al mismo tiempo que sus beneficios se distribuyan equitativamente entre la población.

BIBLIOGRAFÍA

Jyh-An Lee. 'Inteligencia Artificial y Propiedad Intelectual'. Reto Hilty, Oxford University Press, 25/2/2021

Jaxon Emberwood. 'Creación de contenidos con IA'. Escala tus esfuerzos de marketing con la generación automatizada de contenidos, Amazon Digital Services LLC - Kdp, 28/2/2024

Arthur I. Miller. 'El artista en la máquina'. El mundo de la creatividad impulsada por la IA, MIT Press, 11/10/2020

Ilee DeSoto. 'El arte de los algoritmos'. Explorando la IA en las industrias creativas, eBookIt.com, 21/3/2024

Madalina Busuioc. 'Capítulo 31: Supervisión algorítmica de la IA: nuevas fronteras en la regulación'. Ediciones Edward Elgar, 1/1/2022

Ben Adams. 'El Derecho en la Era de la Inteligencia Artificial'. Navegando por las fronteras legales en un paisaje tecnológico en evolución, Amazon Digital Services LLC - Kdp, 4/2/2024

Sid Ahmed Benraouane. 'Certificación de sistemas de gestión de IA según la norma ISO/IEC 42001'. Cómo auditar, certificar y crear sistemas de IA responsables, CRC Press, 24/06/2024

Brian Ka Chan. 'Gobernanza de la Inteligencia Artificial'. A Primer of AI Governance and Regulation, Publicación independiente, 24/12/2017

Woodrow Barfield. 'Manual de Cambridge sobre el Derecho de los Algoritmos'. Cambridge University Press, 11/5/2020

Petar Radanliev. 'Más allá del algoritmo'. IA, Seguridad, Privacidad y Ética, Omar Santos, Addison-Wesley Professional, 30/1/2024

Lakshitha Rikhab Chand Jain. 'Un estudio exhaustivo del sesgo algorítmico : Imparcialidad en la IA', Implicaciones Éticas y Sociales en las Aplicaciones del Mundo Real'. Tesis, Universidad de Alabama en Huntsville, 1/1/2023

Arnold Villeneuve. 'Codificación ética de la IA'. Navegando por el paisaje moral del desarrollo de la IA, Amazon Digital Services LLC - Kdp, 19/3/2024

Joseph F. Paris Jr. 'Estado de Preparación'. La excelencia operativa como precursora para convertirse en una organización de alto rendimiento, Greenleaf Book Group, 16/05/2017

Charles Morgan. 'IA responsable'. Un marco político global, Asociación Internacional de Derecho de la Tecnología, 1/1/2019

Joseph McCormack. 'Breve'. Consigue un mayor impacto diciendo menos, John Wiley & Sons, 2/10/2014

Dariusz Jemielniak. 'Estrategias de la IA en la empresa y la educación'. Tecnologías emergentes y estrategia empresarial. Aleksandra Przegalinska, Cambridge University Press, 4/6/2023

David A. Mindell. 'El trabajo del futuro'. Construir mejores empleos en la era de las máquinas inteligentes, David H. Autor, MIT Press, 10/3/2023

William Welser IV. 'Una inteligencia a nuestra imagen'. Los riesgos de los sesgos y los errores en la inteligencia artificial, Osonde A. Osoba, Rand Corporation, 4/5/2017

OCDE. 'La Inteligencia Artificial en la Sociedad'. Publicaciones de la OCDE, 6/11/2019

Centro Internacional de la UNESCO para la Enseñanza y la Formación Técnica y Profesional. 'Comprender el impacto de la IA en el desarrollo de competencias'. Ediciones UNESCO, 4/2/2021

William B. Weeks. 'IA para el Bien'. Aplicaciones en sostenibilidad, acción humanitaria y salud, Juan M. Lavista Ferres, John Wiley & Sons, 1/23/2024

Richard J. Wallace. 'Inteligencia Artificial/Inteligencia Humana: Un nexo indisoluble'. World Scientific, 3/2/2021

Ray Kurzweil. 'La Singularidad está más cerca'. Cuando nos fusionemos con la IA, Penguin, 25/6/2024

Arnold Villeneuve. 'El futuro de la gobernanza de la IA'. Equilibrio entre innovación y responsabilidad ética, Amazon Digital Services LLC - Kdp, 22/3/2024

Malik Ghallab. 'Reflexiones sobre la Inteligencia Artificial para la Humanidad'. Bertrand Braunschweig, Springer Nature, 2/6/2021

Timo Rademacher. 'Regulación de la Inteligencia Artificial'. Thomas Wischmeyer, Springer Nature, 29/11/2019

Robert M. Schumacher Jr. 'IA y UX'. Por qué la Inteligencia Artificial necesita Experiencia de Usuario, Gavin Lew, Apress, 17/10/2020

Steven M. Miller. 'Trabajar con IA'. Historias reales de colaboración entre humanos y máquinas, Thomas H. Davenport, MIT Press, 27/09/2022

Readyai. 'Interacción Humano-I.A.'. Cómo trabajamos con la Inteligencia Artificial, Indy Pub, 1/25/2021

División de Ingeniería y Ciencias Físicas. 'Implicaciones de la Inteligencia Artificial para la Ciberseguridad'. Actas de un Taller, Academias Nacionales de Ciencias, Ingeniería y Medicina, National Academies Press, 1/27/2020

John T. Addison. 'Desplazamiento Laboral'. Consecuencias e implicaciones para la política, Wayne State University Press, 1/1/1991

Nikhil Jain. 'Avances en paradigmas y aplicaciones de asistencia sanitaria inteligente'. Outstanding Women in Healthcare-Volume 1, Halina Kwaśnicka, Springer Nature, 8/16/2023

Joachim Funke. 'Resolución de problemas complejos'. La perspectiva europea, Peter A. Frensch, Psychology Press, 4/4/2014

Christopher Oosthuisen. 'Dominando la Eficiencia y la Productividad'. Cómo dirigir tu vida y tu negocio como una empresa multimillonaria, publicación independiente, 30/1/2020

Johnny Ch LOK. 'La Inteligencia Artificial Trae Ventajas O Desventajas'. Impactará En El Mercado Laboral Humano, Publicado Independientemente, 4/1/2018

Bernd Carsten Stahl. 'Inteligencia Artificial para un futuro mejor'. Una perspectiva ecosistémica sobre la ética de la IA y las tecnologías digitales emergentes, Springer Nature, 17/03/2021.

Kaveh Memarzadeh. 'Inteligencia Artificial en la Asistencia Sanitaria'. Adam Bohr, Prensa Académica, 21/6/2020

Christoph Lütge. 'Introducción a la ética en robótica e inteligencia artificial'. Christoph Bartneck, Springer Nature, 8/11/2020

Nacional de Ciencia y Tecnología. 'Preparándose para el futuro de la Inteligencia Artificial'. Un informe del Gobierno, Oficina Ejecutiva del Presidente, CreateSpace Independent Publishing Platform, 3/12/2017

Alexandra C. Norkin. 'Declaración de tesis'. Wellesley College, 1/1/1976

Michael Wooldridge. 'Breve historia de la inteligencia artificial'. Qué es, dónde estamos y adónde vamos, Flatiron Books, 19/1/2021

Ray Kurzweil. 'La Singularidad Está Cerca'. Cuando los humanos trasciendan la biología, Penguin, 22/9/2005

www.ingramcontent.com/pod-product-compliance
Lightning Source LLC
Chambersburg PA
CBHW071828210526
45479CB00001B/36